赤穂浪士四十七人画像

赤穂事件は，歌舞伎や映画，テレビドラマなどで「忠臣蔵」として知られる．赤穂浪人四十七士の魅力は現在に至っても色あせず，日本人の心性に深く根付いている．

義士引き上げの図

元禄15年（1702）12月15日早朝，吉良邸討ち入りに成功した赤穂浪人らは，吉良上野介の首を亡き君主である浅野内匠頭の墓前に供えるため，泉岳寺へと引き上げた．

大石内蔵助父子像

大石内蔵助は赤穂事件の中心的指導者．その長男主税は浪士の中で最年少．16 歳で切腹した．この像は内蔵助の三男大三郎の依頼で製作され，正徳 5 年（1715）前後に完成したとされる．

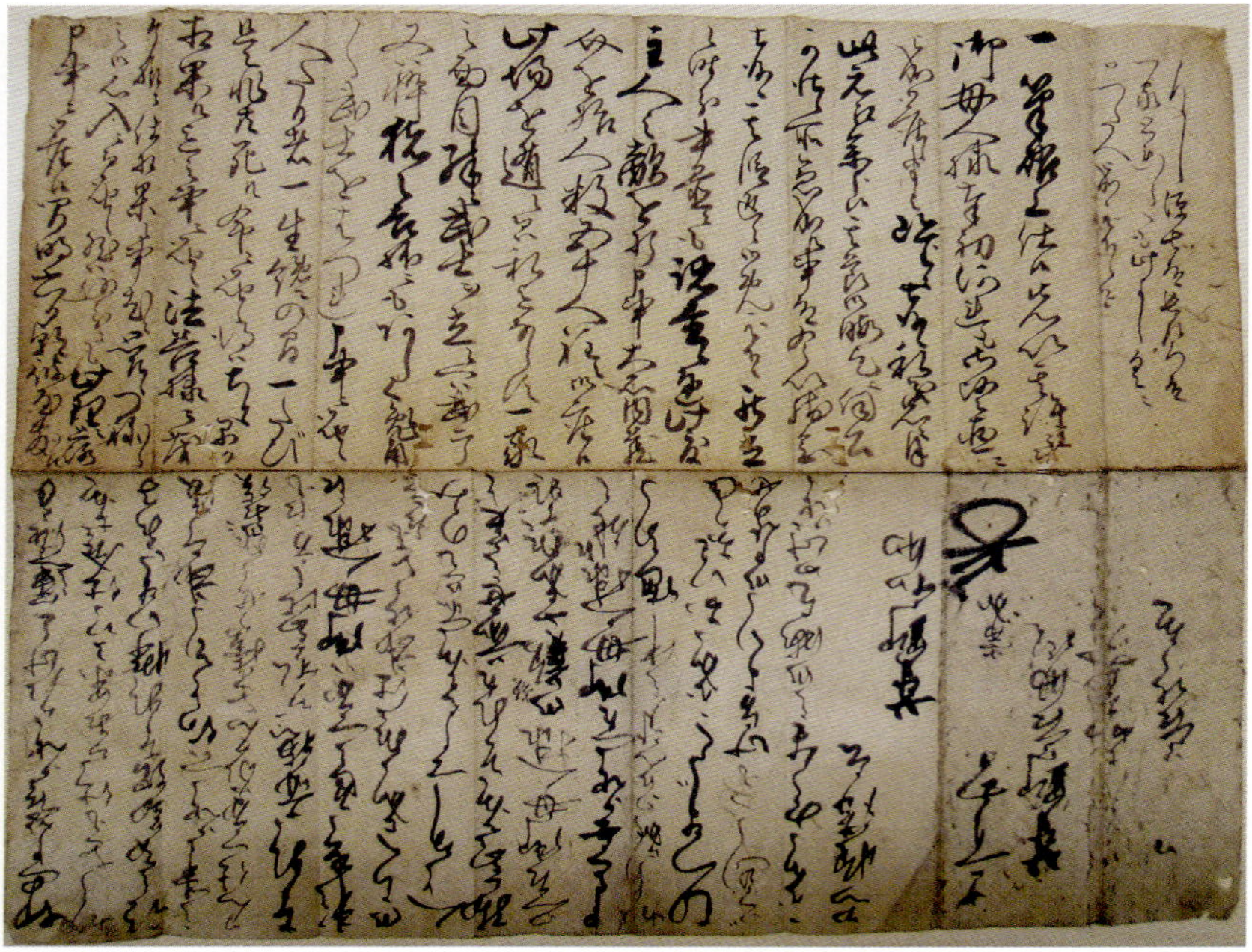

茅野和助書状

平成 22 年（2010）12 月，赤穂浪士の一人茅野和助の書状が，茅野の故郷である岡山県津山市の旧家で発見された．討ち入りに対する想いや残される家族への心配など，討ち入り直前の茅野の肉声が記録されている．

赤穂事件と四十六士

敗者の日本史 15

山本博文

吉川弘文館

企画編集委員
関　幸彦
山本博文

目次

V　討ち入りの結末

図版目次

〔口絵〕

〔挿図〕

赤穂事件の勝者と敗者　プロローグ

歴史における勝者と敗者を見ていく時、政争や戦争だと勝敗がはっきりしている。しかし、本書でテーマとした赤穂《あこう》事件の場合、誰が勝者で誰が敗者かは判然としない。

赤穂事件の発端となった播州《ばんしゅう》赤穂藩主浅野《あさの》内匠頭《たくみのかみ》長矩《ながのり》の刃傷《にんじょう》事件の際は、即日切腹となった内匠頭が敗者であったことは明らかである。

しかし、幕府から何の処分も受けなかった吉《き》良《ら》上野介《こうずけのすけ》義央《よしひさ》（「よしなか」とも言われる）が勝者だったわけでもない。上野介は、この事件によって評判を落とし、隠居に追い込まれる。そして、一年九ヶ月後には、旧赤穂藩家老《かろう》大石《おおいし》内蔵助《くらのすけ》良雄《よしたか》ら内匠頭家来四十七人に屋敷に討ち入られ、首を取られた。これによって上野介も、はっきりとした敗者となる。

それでは、討ち入りを成功させた大石らが勝者となったかと言えば、微妙な問題をはらんでいる。

討ち入りを成功させた時、大石はまぎれもない勝者だった。一年九ヶ月もの間、苦難の生活を送り、暴発しそうになる急進派を押さえ、多くの脱盟者を出しながらついに本懐を遂げたのだから、本人の

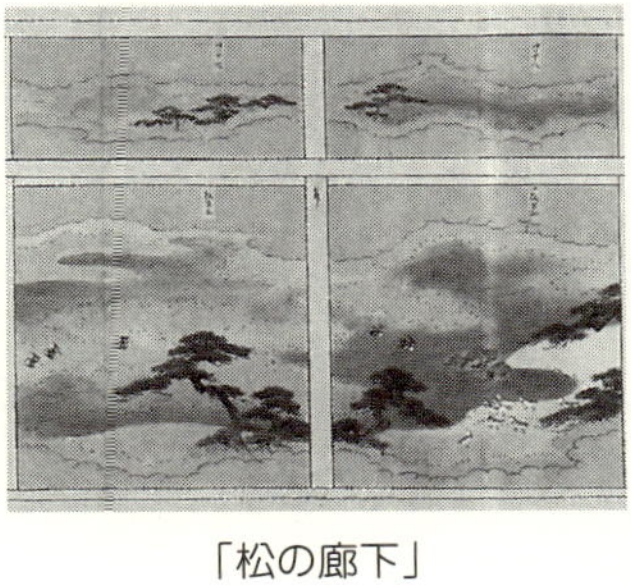

「松の廊下」

中でも満足感があっただろう。討ち入りに参加し泉岳寺の藩主の墓前に上野介の首を供えた四十六士も同様である。彼らの評判はよく、助命嘆願も相次いで、英雄扱いだった。

しかし、翌元禄十六年二月四日、大石ら四十六人は、切腹を命じられる。大石が書いた「浅野内匠家来口上書」には、吉良を「君父の仇」としたが、幕府はそれを認めず、「徒党」の罪としたのである。

四十六人は、死なざるを得なかったことで、再び敗者の立場に追いやられたとも考えられる。一方、討ち入られた吉良家では、上野介の首を取られたばかりではなく、奮戦した子の左《さ》兵衛《ひょうえ》義周《よしちか》もまた幕府から譴責《けんせき》され、信州高島藩諏訪《すわ》安芸守《あきのかみ》忠虎《ただとら》に御預けとなった。吉良家は、戦いに敗れただけではなく、幕府の処分も受け二重の意味で敗者となったのである。

一人敗者の位置に立たなかったのは、幕府だったかもしれない。刃傷事件を起こした内匠頭を即日切腹とし、上野介は構いなしとした幕府は、天下の大法とされた喧嘩両成敗《けんかりょうせいばい》法を適用しないという誤りを犯している。しかし、討ち入り後は、内匠頭家来を切腹とし、吉良家は断絶、左兵衛は御預けとして、失政に対して何の言及もしていない。責任を取ろうとしない政権担当者の常であるが、だからと言って勝者となったわけでもない。

本書では、こうした複雑な関係を、当事者の心中を探りながら、歴史における勝者と敗者とはどのようなものかを考えていきたいと思う。

赤穂事件に関与したそれぞれの人々を見て行くと、日本人の典型的な行動様式を端的に示していることがわかる。それは、多くの人々に見られる自己犠牲の精神である。そしてそれは、現代の日本人にも見ることができる。

平成二十三年三月十一日に起こった東日本大震災のため、東京電力福島第一原発でも深刻な事故が起こった。当時、福島第一原発所長だった吉田昌郎氏は、同月十四日の三号機の水素爆発を「自分も含めて死んでもおかしくない状態だった」と回想し、その際、高い放射線量をも顧みず現場に行く部下について、「へろへろで、寝ることもできず、食事も十分でなく、体力も限界という中で、現場に行く連中がたくさんいた。私が昔から読んでいる法華経の中に登場する、地面から湧いて出る菩薩のイメージを、すさまじい地獄のような状態の中で感じた」と述べている（『毎日新聞』ネット版平成二十四年八月十一日）。

こうした人々の行動が、討ち入りに参加した赤穂浪人の姿とダブって見える。赤穂浪人たちも、損得勘定ではなく、ただ武士社会で「義」とされた行動のために、死ぬとわかっていて行動していた。行動の動機や討ち入りという行為自体は現在では受け入れられないものだが、死ぬことを「敗者」だとすれば、「敗者」になることを厭わず、事情によっては進んで「敗者」への道をたどるという発想法や行動様式はまったく同じだと思う。

赤穂事件については、これまでも多くの研究があるが、確かな史料に基づいて事件の真相を再現し、当事者たちの考え方を紹介していこうと思う。そのため、個々の記述のもとになった史料は、手紙や聞書など、できるだけ当時者の肉声が記録されたものを使い、それぞれの史料は引用する際にどのような性格のものかを考察した。これによって、伝説化されている個々の義士たちの行動や考えも、より信じられるものになっているはずである。

I 刃傷事件

1 ── 松の廊下刃傷事件
元禄 14 年（1701）3 月 14 日，江戸城本丸大廊下（松之廊下）で浅野内匠頭が吉良上野介に背後から斬りつけた．吉良は額と背中に傷を負い，浅野はただちに取り押さえられた．赤穂事件の発端となる事件である．

1 浅野内匠頭の思い

元禄時代と勅使饗応役

赤穂事件が起こったのは、江戸幕府五代将軍徳川綱吉《とくがわつなよし》の治世である。綱吉治世の後半は、商業資本が勃興していた元禄時代で、武士たちはすでに戦いを知らない者たちだったが、逆にそのために観念的な武士道理念が唱えられるようになった時代でもある。

綱吉は三代将軍家光《いえみつ》の四男で、延宝《えんぽう》八年（一六八〇）五月七日、危篤の床にあった兄家綱《いえつな》の養子となり、翌日、家綱の死去に伴って家督を継いだ。この時、三十五歳だった。将軍宣下は、その年八月二十三日である。

天和《てんな》三年（一六八三）八月、綱吉は、「文武弓馬の道、専ら相嗜《たしな》むべき事」の文言で始まっていた武家諸法度を「忠孝をはげまし、礼儀を正すべき事」と変更した。文武弓馬の道の嗜みよりも、「忠孝」や「礼法」を重視したのである。

綱吉時代には、譜代大名だけではなく、外様大名の分家などにも幕府の役を命じた。また、それまでの政務担当者である老中《ろうじゅう》に加えて側用人《そばようにん》を置き、将軍と老中との間を取り次がせた。側用人の一人柳沢吉保《やなぎさわよしやす》は、少将に任じられ、大老格《たいろう》とされて老中の上に位置した。そのため諸大名は、将軍に披露を願う際、老中だけでなく、柳沢にも書状を送っている。

浅野内匠頭長矩は、外様大名広島藩浅野家の分家大名である。赤穂藩五万石を領し、朝廷からの使節を接待する勅使饗応役《ちょくしきょうおうやく》を天和三年（一六八三）に一度務め、元禄十四年（一七〇一）には二度目の勅使饗応役を命じられた。

武家諸法度に、わざわざ「礼儀を正し」と明記するぐらいだから、この時期の勅使饗応役は、晴れがましい役職であるとともに、非常な緊張感を強いられる役である。これを万事指南するのが、高家《こうけ》筆頭の吉良上野介だった。

吉良上野介の地位

吉良上野介義央の吉良家は、室町幕府将軍足利家の一族という名家である。上野介の曾祖父の義定は、三千二百石を与えられ、高家《こうけ》とされた。高家とは、足利高氏の血を引く家ということで、高い家柄であることから、幕府の儀礼を担当した。

義央は、十九歳の時から高家の勤めを行った。正室は、米沢藩主上杉綱勝《うえすぎつなかつ》の妹である。外様の国持大名と縁組みしたことからも、その高い家格が窺われる。

義央の長男は、上杉綱勝の養子になり米沢藩主となって、上杉弾正大弼綱憲《つなのり》と名乗った。綱憲は、紀州家徳川綱教《つなのり》の姉と縁組みして、御三家とも縁戚関係となった。

また義央は、将軍の名代として年賀の使者を十五回も務めている。千石の加増も受け、当時は四千二百石だった。

2── 吉良上野介義央

高家では、元禄《げんろく》四年（一六九一）二月、高家肝煎《きもいり》の畠山義里《はたけやまよしさと》が七十一歳で没している。そして、元禄十年閏二月、今度は奥高家の大澤基恒《おおさわもとつね》が四十二歳で没した。このため、若い時から豊富な経験を積んでいる義央が、高家筆頭として、江戸城の儀式に関しては誰も口出しできない立場を獲得していたのである。

刃傷事件の発生と理由

浅野内匠頭が、江戸城松の廊下で吉良上野介に斬りつけたのは、元禄十四年（一七〇一）三月十四日、朝廷からの使節である勅使・院使が将軍に暇《いと》乞《まご》いをする日のことだった。

現場で上野介と立ち話をしていた留守居番《るすいばん》の梶川与惣兵衛《かじかわよそべえ》（頼《より》照《てる》）によれば、内匠頭は、

「この間の遺恨覚えたるか」

と声をかけ、上野介の後から斬りつけたという（『梶川氏筆記』）。

梶川がとっさに内匠頭に組つき、周囲にいた高家や伊達《だて》左京大夫《さきょうのだいぶ》らが駆け付け、大勢で取り押さえた時には、次のようなことを、高声で何度も繰り返したという。

「上野介には、この間意趣があり、殿中でもあり、今日の事など恐れ入りますが、どうしようも

なく打ち果たしました」

上野介事、此間中意趣これ有り候故、殿中と申し、今日の事かた〴〵恐れ入り候へども、是非に及び申さず打ち果たし候。

刃傷事件が、内匠頭が上野介に意趣を持っていたために起こったことが明らかである。「此間中」と言っているので、勅使饗応役を務めた内匠頭が、役を務める中で上野介に意趣（恨み）を持つようになったことも確かだろう。

3―浅野内匠頭長矩

浅野内匠頭、田村家へ御預け

内匠頭は、田村《たむら》右京《うきょう》大夫《のだいぶ》建顕《たけあき》（陸奥一関藩主）邸に預けられることになり、江戸城平川門から護送された。

内匠頭を預かった田村家の記録に、『田村右京大夫殿江浅野内匠頭御預一件』（『御預一件』と略す）と『田村家浅野長矩御預之節控』（『御預之節控』と略す）という二種類の記録がある。

前者は、刃傷事件の発生から内匠頭の切腹までを記し、後者は、老中らとのやりとりを記している。まずは前者の記録から、事実関係を見ていこう。

刃傷事件が起こったのは、九つ前（正午前）だった。

九つ半時（午後一時頃）、田村は、老中土屋《つちや》相模守《さがみのかみ》政直《まさなお》から呼び出され、御用部屋（老中の執務室、土圭之間《とけいのま》次の間）に行った。そして、「浅野内匠事、その方へ当分御預けなされ候。早々引き取り申し候様に」と命じられた。

土屋は、「その方へ当分御預け」と申し渡している。まだ、この時点では、即日切腹という方針が明確にされているわけではなかったことに注目しておきたい。

田村は、「拙者が召し連れて自邸に行く必要がありますか。また屋敷で内匠頭に会うべきでしょうか」と尋ねたが、「どちらも、それには及ばない」との返答だった。

そこで、田村は、早速に帰宅し、家臣に内匠頭受け取りの支度をさせた。支度が調ったのが、八つ半時（午後三時頃）だった。

受け取りは、田村家の目《め》付《つけ》・物頭《ものがしら》三人が騎馬で、小姓組《こしょうぐみ》二人、中小姓《ちゅうごしょう》三人、歩行《かち》二十人、徒目《かちめ》付《つけ》一人、足軽三十人、乗物かき十五人の編成だった。乗物は、内側から板を打ち付け、錠を付け、上から縄編みをかけた。

田村家へ護送された内匠頭は、板囲いにされた中之間へ通された。大小便用の便所も、中之間の中に付けられていた。

内匠頭は、大紋《だいもん》の衣装のまま護送されてきたので、そこで小袖《こそで》に着替えさせ、料理を出した。一汁五菜のしっかりとした料理で、内匠頭は湯漬けを二杯食べた。緊張が緩み、腹が減ったのだろう。酒と煙草も所望したが、法により断られた。

切腹の申し渡し

七つ時少し前（午後四時前）、幕府から、大目付《おおめつけ》庄田下総守安利《しょうだしもうさのかみ》（二千六百石）と目付大久保権左衛門忠鎮《おおくぼごんざえもんただしげ》（五百石）・多門伝八郎重共《おかどでんぱちろうしげとも》（七百石）が検使として遣わされてきた。

三人は、田村にも用があるというので、居間へ通した。

庄田は、「内匠事、（殿中という）所柄といい、時節柄といい、かたがた以て不届き至極なことで、切腹を命じるので、この段を右京へも伝えるように、と相模守が仰せられました」と田村に伝えた。幕府は、早々に切腹の処分を決めたのである。

この処分は、将軍綱吉の意向が強く働いていたとされている。おそらく、そうであろう。殿中で人を殺せば切腹だが、上野介は軽傷である。即日切腹というのは、あまりに拙速な処分だった。このことが、後に禍根を残すことになるのだが、綱吉は、生母桂昌院《けいしょういん》への従一位叙任を伝える勅使・院使の挨拶の日に、よりによって勅使饗応役が刃傷事件を起こしたという不祥事に怒っていた。

庄田は、検使二人とともに出合之間の上座に着座し、内匠頭を呼び出した。田村も、東の方に陪席した。着替えた小袖はそのままに、上下《かみしも》を着せられた内匠頭が出頭すると、庄田は、次のように上意を申し渡した。

「その方、意趣があるということで、吉良上野介を理不尽に切り付け、殿中をも憚らず、時節柄と言い重畳不届き至極である。これにより、切腹を仰せ付けられる」

4―「浅野内匠頭終焉之地」の碑（東京都港区新橋）
田村右京大夫の屋敷はこの地点より100メートル東に所在した

その方儀、意趣これある由にて、吉良上野介を理不尽に切り付け、殿中をも憚らず、時節柄と申し、重畳不届き至極に候。これに依り、切腹仰せ付け候。

幕府は、内匠頭が刃傷事件を起こしたのは「意趣」のためだ、と認識していた。しかし、その内容を聞くことなく、大切な儀式が行われる日に、殿中で斬り付けた行動を「重畳不届き至極」とし、切腹を命じる、としたのである。

この仰せ渡しに対する内匠頭の御請け（返答）は、次のようなものである。

「今日の不調法なる行動、どのようにでも仰せ付けられるところを、切腹と仰せ付けられ、ありがたく存じ奉ります」

今日、不調法なる仕方、如何様にも仰せ付けらるべき儀を、切腹と仰せ付けられ、有り難く存じ奉り候。

内匠頭は、切腹と申し渡されたことに安堵したのだろう。殿中で刃傷事件を起こしただけに、斬罪などもあるかと心配していたかもしれない。残された赤穂藩士も、主君の切腹を問題にする議論はない。これは、ある意味で、当時の常識的な処罰だったと言っていいだろう。

5── 浅野内匠頭墓（泉岳寺）
浅野内匠頭は浅野家の菩提寺である，泉岳寺に葬られた

切腹の場所は出合之間の庭で、筵《むしろ》を広く敷き、その上に畳を敷き、さらに毛氈《もうせん》が敷いてあった。暗くないように、高提灯がたくさん立ててあった。内匠頭が切腹すると、庄田ら検使は帰った。田村は、土屋ほかの老中へ挨拶回りをした。

内匠頭の死骸は、近い親類に引き取らせるように、とのことだったので、内匠頭の弟の浅野大学《だいがく》長広《ながひろ》（分家旗本、三千石）に手紙で知らせた。大学からは、内匠頭家来の建部喜六と糟谷勘左衛門が受け取りたい、との返事があった。

そして、建部らへは田村家家老が応対し、内匠頭の死骸、小さ刀、大紋、鼻紙袋、烏帽子を渡した。

内匠頭の残した言葉

内匠頭がどんな意趣を持っていたのかは、さまざまに想像されているが、当事者は明確には言い残していない。その日、田村右京大夫に預けられた内匠頭は、家来に次のように伝えてくれ、と依頼したという（『御預一件』）。

「このことは、あらかじめ知らせておくべきだったが、今日やむを得ざる事情で、知らせることができなかった。不審に思うだろう」

此段、兼ねて知らせ申すべく候ども、今日やむを得ざる事故《ことゆえ》、知らせ申さず候。不審に存ずべく候。

内匠頭は、それまでも意趣を持っていたが、それを家臣には洩らしていなかったのである。「今日やむを得ざる事故」という言葉は、この日また何かあって、突発的に斬りつけたとも受け取れる。少なくとも、以前からこの日に斬りつけようと考えていたわけではなかったようである。

一方の上野介は、まったく覚えのないこと、としている。しかし、覚えがあると言えば立場が悪くなるだろうから、そう言うのは、当然のことである。内匠頭が斬りつけたほどだから、二人の間に何らかの諍いがあったと考えるのが妥当だろう。

堀部弥兵衛の想像

内匠頭の心情を代弁している史料として、『堀部弥兵衛《ほりべやへえ》金丸《あきざね》私記』がある。これは、討ち入り前、堀部弥兵衛がこれまでの経緯などを書き残したものである。その中に、「浅野内匠頭家来共」として、討ち入りの理由を書いた文章がある。

「伝奏御屋敷で、吉良上野介殿がいろいろと悪しざまにおっしゃりました。御役儀を大切に考え、内匠頭は堪忍しておりましたが、殿中において、諸人を前にして武士道が立たないようなひどいお言葉をかけられましたので、そのままにしておくと後々までの恥辱と思い、斬りかけたものと存じております」

伝奏御屋敷において、吉良上野介殿品々悪口《あっこう》共御座候へ共、御役儀大切に存じ、内匠頭堪忍仕り候処、殿中において、諸人の前に武士道立たざる様に至極悪口致され候由、これに依り、其の場を逃し候ては後々までの恥辱と存じ、仕らすと存じ候。

伝奏《てんそう》御屋敷は、勅使・院使の宿泊施設となった場所である。勅使饗応役だった内匠頭は、この屋敷で饗応の準備をしていた。俗説では、直前になって上野介が畳替えが必要と言い出し、家来たちが苦労して一夜のうちに行ったなどとされる。そのエピソードの根拠となる史料はないが、内匠頭の準備に対して、「品々悪口」があったのは事実のようである。

江戸城中で、諸人の前で「武士道立たざる様に至極悪口」があったというのは、おそらく刃傷事件当日のことだから、弥兵衛がどこまで知っていたかは疑問である。しかし、家臣たちが、このように信じていたことは確かだろう。

もし、この「至極悪口」が事実なら、弥兵衛が次のように言うことも頷けるところである。

「それならば、先方から仕懸けたことへの応戦です。悪口は、殺害と同様の御制禁と聞いておりますのに、上野介殿をそのままにして、何の処分もありませんでした。しかし、公儀に対し奉り御恨み申し上げることもできませんでしたので、赤穂城中で、家来どもは自害するほかはないと考え詰めていたところ、内匠頭の一門方から、浅野大学のために宜しくないと強く止められましたので、仕方なく城をすみやかに差し上げました」

然らば、先より仕懸けたる手向かいにて候。悪口は、殺害同前の御制禁と承り及び候処、上野介殿をその儘立て置かせられ候。然れども、公儀に対し奉り御恨み申し上ぐべき様御座なきに付き、城中において家来共自滅仕るほかこれ無くと存じ詰め罷り有り候処、内匠頭一門中より大学ため宜しからずと達して制せられ候に付き、是非なく城速かに差し上げ候。

内匠頭の行動は、上野介から仕掛けられた喧嘩に応じたまでだ、というのである。弥兵衛の言うように、確かにこの時代の「悪口」は、明文化はされていないにせよ、「殺害同前の御制禁」だった。事件当日、それが明らかにされていれば、幕府の判決もまた違ったものになったかもしれない。しかし、内匠頭が何も言わないまま即日切腹となったので、上野介は何の咎めも受けず、そのままにされたのである。

2　吉良上野介の評判

内匠頭に斬り付けられた上野介は、高家衆に連れられ、高家の控え部屋に連れられて行った。

上野介の傷

当日の外科医の当番は、坂本養慶という者だった。大目付の指示で薬を使って血を止めようとしたがとまらず、重傷のようだった。そこで老中の指示により、長崎でオランダ医学を学び、元禄四年に召し出されて幕府の医官となっていた栗崎道有《くりさきどうゆう》を呼び出すことにした（以下、『栗崎道有記録』）。

道有は、神田明神下の酒屋、伊勢屋半七という者の治療をしていたが、呼び出しの手紙が来たので、急ぎ城に向かった。大手門の前は人だかりができていて、大手門は通行禁止となっていた。道有は、名を名乗り「御用召しにて登城致します」と言うと、通してくれた。中の門には小人目付《こびとめつけ》が出向いており、すぐに上野介がいる部屋に通された。

上野介には養慶が付いていたが、血がいまだ止まらず、生あくびばかりしていた。

道有は、石灰の入った薬を塗ったが、まだ血が流れてくるので、上野介の下着の白帷子《しろかたびら》を引き裂いて、傷の上に巻いたところ、ようやく血が止まった。

その後、道有は、少し元気を取り戻した上野介の願いによって、上野介の治療をすることになった。診察すると、上野介の額から眉の上までの骨が切れ、疵《きず》の長さが三寸五、六分（約十一センチ）ほどだったので、小糸で六針縫い、薬を付けた。背中の疵は浅かったが、三針縫い、薬を付けた。そして、白帷子を引き裂き、包帯とした。

その後、ご飯に湯をかけ、焼き塩を少し入れた湯漬けを食べさせたところ、いつもように元気になったように見えた。

その頃、内匠頭は、事情聴取に対して、「乱心ではありません。その時、何とも堪忍できないことがあったので、刃傷に及びました」と供述していたので、上野介にもその旨、尋ねられた。

上野介は、「まったく恨みを受ける覚えがありません」と答えた。

吉良への申し渡し

時刻は、八つ半過ぎ七つ前（午後五時前）になっていた。

老中からは、「上野介事は、先宅《まず》へ帰り、よく養生致すように」という仰せがあった。

そこで、乗物を平川口に回し、上野介は平川門まで歩いて行った。

当時、吉良邸は、呉服橋にあった。

どの道を帰るべきかと尋ねられたので、付き添っていた道有が「伝奏屋敷の前を通るのがいいのでは」と言うと、「いや、少し遠くても伝奏屋敷の前を通らない方がよいのでは」と言われた。

その頃、伝奏屋敷の前は、内匠頭の家来でごった返して大騒ぎだった。そこで道有は、幕府の御徒目付・小人目付らに大勢付いてもらって、常磐橋の前から銭瓶橋通りを通り、呉服橋の吉良邸裏門から入った。

吉良邸へは、すでに親類の者や出入りしている旗本衆、さらに息子が藩主をしている米沢藩上杉家から大勢の家臣が来ていた。また、医者も何人か呼ばれていた。

道有は、上野介の侍医に治療の様子などを知らせ、それから吉良邸を出て、月番老中や若年寄邸に挨拶回りをした。

この日夜五つ時分、幕府から次の仰せ渡しがあった。

「内匠頭は不調法のため、切腹を仰せ付けられた。上野介へは御構いないので、よく養生するように」

6—江戸城平川門
平川門は罪人や死人を城外に送り出す，江戸城の不浄門

内匠頭不調法に付き、切腹仰せ付けられ、吉良へは御構いこれなく候間、よく養生致すべし。

おそらく上野介も喧嘩両成敗法は知っていただろうから、この仰せ渡しをうけて心底安堵したことだろう。しかし、これによって、吉良家は後にたいへんな災難に遭うことになるのである。

梶川与惣兵衛への事情聴取

内匠頭を組み止めた梶川与惣兵衛は、事件後、老中の執務室である御用部屋に出頭した（『梶川氏筆記』）。

そこには、老中阿部《あべ》豊後守正武《まさたけ》・土屋相模守政直・小笠原《おがさわら》佐渡守長重《ながしげ》・稲葉丹後守正往《まさゆき》のほか、若年寄《わかどしより》・大目付が列座していた。梶川は、刃傷事件について、事実経過を詳しく報告した。

老中からは、まず土屋が、「上野介の手疵はどれほどのものだったか」と尋ねた。

梶川は、「二、三カ所でしょう。しかし深手ではないはずです」と答えた。

次に阿部が尋ねた。

「上野介は、その時、脇差に手をかけたり、あるいは抜き合わせたりしただろうか」

これは、重要な質問だった。もし、上野介がとっさに脇差しに手をかけていれば、両者は「喧嘩」と認定されたはずである。

梶川は答えた。

「拙者は一部始終を見ていましたが、帯刀には手をかけませんでした」

上野介は背後から声をかけられて振り向いたところを額に斬りかけられたので、あわてて逃げただけだった。あるいは正面から斬りかけられれば、脇差《わきざし》に手をかけることもあったかもしれないが、これは自然な行動だった。

梶川は、二日後の十六日にも老中に呼び出され、同様の質問を受けた。

さらに、現場には誰が一番、二番に駆け付けたか、内匠頭は何か言ったか、などを尋ねられた。

「誰が一番、二番に駆け付けたかは存じません。坊主ともはみな駆け付けたようです。意趣の内容は、内匠殿は申されませんでした。上野介殿が脇差に手をかけたかどうかは見ておりません。ただ、抜き払えば見えたでしょうが、それは見ませんでした。内匠殿を取り押さえた後、周りを見ましたが、すでに上野介はいませんでした。誰が連れていったかは存じません」

梶川は、内匠頭に気を取られていたので、上野介が脇差に手をかけたかどうかは、見ていなかっただろう。そのため、この日は、「見ていない」と答えたが、抜き払っていないことは確実だと言上している。

すでに内匠頭は切腹しているから、これは、上野介の処分を決めるためのものだったと思われる。おそらくは綱吉の指示というより、老中らが必要と考えたからだろう。そして老中は、この梶川の証言によって、抵抗していない上野介は、「喧嘩」の相手ではない、と最終的に認定したのである。上野介に対して、その後、何の処分も言い渡されなかった。

梶川は、内匠頭を真っ先に取り押さえた功績で、五百石の加増を受けた。

刃傷事件の遠因

刃傷を受けた上野介は、本来は同情されてもよかったかもしれない。しかし、残された史料を見ると、あまり評判はよくない。

確かな史料をもとに書かれた赤穂事件の記録『江赤見聞記《こうせきけんもんき》』(巻一)には、次のように書かれている。

「上野介は欲が深い人なので、以前に御勤めなさった方も、前もって御進物等を度々していたので、喜六や政右衛門、御用人《ごようにん》たちまで伝え、御用人たちも度々その段を申し上げたけれども、内匠頭様は、「御馳走御用が済んだ後にはどれほどでも進《まい》らせたいと思う。しかし、前もって度々御進物を贈るのは、如何かと思う」と仰せられました。もっとも、決まった御付届けの進物は、前もって遣わされていたということです」

上野介欲ふかき人故、前々御勤めなされ候御衆、前廉より御進物等度々これ有る由に付き、喜六・政右衛門、御用人どもまで申し達し、御用人共も度々その段申し上げ候処、内匠頭様仰せにも、御馳走御用相済み候上にてはいか程もこれを進らせらるべく候、前廉に度々御音物これ有る儀は如何しく思し召され候由、仰せられ候。尤も、格式の御付届けの音物は前廉に遣わされ候由也。

これが通説のもとになる記述である。喜六は建部喜六(二百五十石)、政右衛門は近藤政右衛門(二百五十石)で、ともにこうした折衝にあたる江戸留守居役である。刃傷事件の原因は、内匠頭が上野介に十分な賄賂を贈らなかったため、上野介に辛く当たられ、恨みを持つようになったというのである。

従四位上・少将の官位にあるとはいえ、たかだか五千石の高家である上野介である。大名が指南を受ける場合は贈り物をするのが当然だった。内匠頭も、「格式の御付届けの音物」は、前もって届けてあった。しかし、特別な進物などはしなかったため、江戸留守居役だけではなく、江戸家老の次に位置する御用人までが心配していた。

ただし、上野介の方から、あからさまな賄賂を要求したということではない。なにか要求されれば、さすがの内匠頭も、それに従ったはずだからである。しかし、平生の

吉良の評判

上野介の行動について、次のような史料が残っている（『岡本元朝《おかもともととも》日記』秋田県公文書館所蔵）。

「吉良殿は平生有名な横柄人だということです。また手の悪い人で、方々から物をせびりなされる事が多いということです。先年藤堂和泉殿（高久、伊勢津藩主）へはじめて御振舞に御越になった時も、雪舟の三幅対の御掛け軸をかけたところ、せびって自分の物にしたということです。このような事を方々でなされるので、こちら様へ御越の時も、御出入の旗本衆が内々に、よい御道具は出されない方がよいと御申しなされたということです」

吉良殿日頃かくれなきおうへい人ノ由。又手ノ悪キ人ニて、且物を方々よりこい取被成候事多候由。先年藤堂和泉殿へ始て御振舞ニ御越候時も、雪舟ノ三ふく対御かけ候へハ則こひ取被成候よし。ケ様之事方々ニて候故、此方様へ御越之時も御出入衆内々ニて、目入能《めいりよき》御道具被出候事御無用と御申被成候由ニ候。

上野介は、有名な「おうへい人」で、諸大名の屋敷を訪れた時は、ねだりがましい行動をしていたようである。諸大名としては迷惑なことだっただろうが、これにしても、「こひ取」っていたわけで、強引に奪いとったわけではない。おそらく、「良い御道具を御持ちだ」などと言って、欲しがっていることを暗に伝えたものだろう。

もっとも、この記事は事件後のことなので、一人切腹に処せられた内匠頭への同情の気持ちも入っているだろう。こうした評判は、一般的なものとなる。尾張藩士朝日《あさひ》重章《しげあき》も次のように書いている（『鸚鵡籠中記《おうむろうちゅうき》』）。

「吉良は欲が深い者なので、前々から皆贈り物をして物を頼んでいたが、今度の内匠頭のやり方が不快だということで、何事につけても知らせをせず、内匠頭が間違って恥をかくことが多かった。内匠頭はこれを遺恨に思った。今日、殿中において御老中の前で、吉良が、今度の儀式につき内匠は物を知らず万事言うことができないほどだ、公家衆も不快に思っておられる、と言った。内匠頭はいよいよ遺恨に思って座を立ち、その次の廊下で、刀を抜き、声を懸けて吉良の烏帽子ごと頭を斬った」

吉良は欲深き者故、前々皆音信にて頼むに、今度内匠が仕方不快とて、何事に付けても言い合わせ知らせなく、事々において内匠齟齬すること多し。内匠これを含む。今日殿中において御老中前にて吉良いいよう、今度内匠万事不自由ふ、もとより言うべからず、公家衆も不快に思さるという。内匠いよいよこれを含み座を立ち、その次の廊下にて内匠刀を抜きて詞を懸けて、吉良が烏帽子をかけて頭を切る。

上野介が老中の前で内匠頭の饗応の様子を批判し、これを恨んだ内匠頭が刃傷に及んだ、ということである。朝日は名古屋にいたから、これが当時流れた噂で、全国に伝えられたと思われる。

上野介は、傷を受けただけで地位は保全したが、それまでの行動も相俟って、まずは武士として最も大切な評判を落とすことになったのである。

3　赤穂城の藩士たち

殿様の喧嘩

内匠頭の刃傷事件は、すぐさま伝奏屋敷に詰めていた赤穂藩士に知らされた。使者に立ったのは幕府目付鈴木源五右衛門利雄（五百石）、仰せ渡しを受けたのは、家老の安井彦右衛門《やすいひこえもん》・藤井又左衛門《ふじいまたざえもん》・奥村忠左衛門・糟谷勘左衛門の四人である。知らされた内容は、次のようなものである（『岡島常樹覚書《おかじまつねもと》』）。

「江戸城の大廊下で上野介殿に御切り付け成されました。殿様のお怪我はないようです」

御城大廊下にて上野介殿を御切り付け成され候。殿様御手も負わせられず候由、

主君が上野介に斬りつけたということだから、殿様が無事なのは喜ばしいが、斬りつけたのはこちらである。厳しい処分が下るに違いない。また、相手の上野介が、死んだのか、負傷しただけなのかも明らかでない。

赤穂藩江戸屋敷では、馬廻《うままわり》百五十石の早水藤左衛門《はやみとうざえもん》と中小姓・萱野三平《かやのさんぺい》を使者に立てて、国元にとりあえず事件を知らせた。

7――浅野内匠頭屋敷跡（東京都中央区明石町）

その内容は、「殿様、去ル十四日、御城内に於いて、吉良上野介殿と御喧嘩成され、田村右京大夫様へ御預け御成り遊ばさる」というものだった。

これでわかるように、赤穂への第一報には、はっきりと内匠頭と上野介の「御喧嘩」だと報じている。

同十九日夜、赤穂への第二便として、物頭二百五十石の原惣《はらそう》右衛門《えもん》と馬廻百五十石の大石瀬左衛門《せざえもん》が遣わされた。これは、内匠頭の切腹を知らせるものだった。この使者は、老中・土屋相模守の以下の書付も持参していた。

「内匠頭は、吉良に意趣があるということで、大切な儀式の日に殿中を憚らず理不尽に切り付けたので、上様は不届き至極に思し召され、切腹を命じた。知行所（赤穂）ならびにご当地（江戸）の家来共が、作法よく、騒動がましいことをしないように、親戚の者へ申し付けた」

内匠頭の家来たちが、即座に「喧嘩」だと認識したのに対し、幕府は、あくまで大切な儀式の日に殿中を憚らず行った刃傷に対して、切腹を命じたのだった。両者の認識には、最初から大きな開きがあった。

8 ── 赤穂城三の丸大手門

江戸屋敷と赤穂城の接収

三月十七日、鉄炮洲《てつぽうず》にあった赤穂藩上屋敷は戸沢上総介正誠《かずさのすけまさのぶ》（出羽新庄藩主）へ、赤坂の屋敷は相良遠江守頼福《さがらとおとうみのかみよりとみ》（肥後人吉藩主）に御預けとなった。

内匠頭の正室阿久里《あぐり》は、十四日の夜中、髪を下ろして壽昌院と号した。ところが「昌」の字が将軍の生母桂昌院と同じでどこでも遠慮していると本家の広島藩主浅野安芸守《あきのかみ》綱長から指示され、瑶泉院《ようぜんいん》と改めた。

そして、瑶泉院は実父の浅野式部少輔長照《しきぶのしょうながてる》（前備後三次《みよし》藩主）の屋敷に移った。家財道具は、深川の町人の屋敷を借り、そこへ移した。

内匠頭の宝物や家財道具は、しばらく鉄炮洲の屋敷の蔵に置いていたが、幕府から道具の構いはないと指示され、三次浅野家の屋敷に運ばれた。

家臣たちも、藩邸を出て町屋などに移った。

同日、領地の召し上げも命じられ、赤穂城受け取りのため播州龍野《たつの》藩主脇坂淡路守《わきさかあわじのかみ》安照と備前足守《あしもり》藩主木下肥後守公定《きのしたひごのかみきんさだ》が遣わされることになった。受け取りの期日は、「来月中旬過ぎ」すなわち一ヶ月後ということだった。

上使《じょうし》（将軍の使者）としては、使番・荒木十左衛門政羽《まさは》（千五百石）と書院番士榊原采女政殊《さかきばらうねめまさよし》（千三百石）が遣わされることになった。改易《かいえき》大名の城受け取りは、幕府目付らが上使を務め、近隣の大名が軍勢を率いてそれに備えるのが慣行だった。

赤穂城での評定

第一陣の使者を受けた大石内蔵助は、藩士に惣登城を命じた。しかし、詳しい情報がないため、この日は事実を伝えただけだっただろう。

ところが、城下には、赤穂藩の藩札《はんさつ》を持つ者が押しかけてきた。そこで、額面の六分替えで銀を渡すことにした。

三月二十九日、内蔵助は、持筒頭《もちづつがしら》四百石の多川九左衛門《おおかわくざえもん》と歩行《かち》小姓頭三百石の月岡次右衛門《つきおかじえもん》を江戸に下し、暗に上野介に対する処分を要請する嘆願を行おうとした。

四月一日、三次浅野藩から内田孫右衛門が派遣されてきて、家中末々まで上意に違背なく騒動のないようにとの藩主浅野土佐守長澄の三月二十八日付け書状がもたらされた。

同三日には、浅野本家の広島藩主浅野安芸守綱長《つなが》の仰せということで、広島藩家老寺尾庄左衛門・手島保左衛門の書状がもたらされた。

さらに同六日、大垣《おおがき》藩主戸田采女正氏定《うねめのかみうじさだ》から、二千石の家老戸田権左衛門が使者として派遣されてきた。権左衛門は、上下六十五人・乗馬二疋、ほか物頭・使番《つかいばん》など上下三十三人という陣容である。

この使者団は、赤穂城を四月十五日に引き渡せとの幕府の命令を伝えるものだった。

こうして見ると、赤穂藩士が議論できたのは、三月二十日から三月二十九日までの九日間ほどだったことがわかる。この間、赤穂城においては、吉良の生死がわからないまま大石と大野九郎兵衛の両家老のほか番頭・物頭が打ち寄り、連日評定が行われた（『浅野綱長伝』）が、衆議は一決しなかった。そこで原惣右衛門が、「とにかく不同心の御方は、この座を立たれよ」と言ったところ、家老の大野《おおの》九郎兵衛《くろべえ》を始めとする十人ばかりが座を立った。

大石の考えは、次のようなものだった。

「赤穂城は、先代の内匠頭様が建てた御城で、上野介殿が生きておられれば、藩士たちが赤穂を離散するのは残念である。しかし、籠城などということは、公儀へ恐れ多いことだから、上使の御方様や目付様から検使を乞い、御城の大手で切腹するほかはない。その際、存じ寄りなどを申し上げれば、上野介殿へ処分を仰せ付けられることもあるかもしれない」

9―赤穂藩藩札

つまり、家臣たちが自刃することによって、幕府から上野介処分を引きだそうというものだった。

この時、大石に賛同した中心

10——大石内蔵助屋敷跡
赤穂城大手門内側の一画に所存し，屋敷瓦は二つ巴の紋に復元されている

人物は、番頭《ばんがしら》で千石の奥野将監《おくのしょうげん》、物頭の原惣右衛門・進《しん》藤源四郎《どうげんしろう》（四百石）・小山源五右衛門《おやまげんごえもん》（三百石）・河村伝《かわむらでん》兵衛《べえ》（四百石）の五名である。内蔵助は、奥野らと翌年八月までは一緒に行動することになる。

家臣が切腹したからといって、幕府が上野介を処分するかどうかはわからない。しかし、自分たちの死をもって上野介への切腹処分を嘆願するというのは、当時の武士の発想としてありうることである。

ただ、これは、幕府の処分への批判という意味を持つ。その意味では、大野が、「とにかく御城を首尾良く引き渡し、その上で嘆願などを行う方がよい。御城の引き渡しが遅れれば、公儀に対して鬱憤をぶつけるような形となり、大学様の為にもよくありません」という議論の方が我々には理解しやすい。

片岡源五右衛門ら、赤穂にのぼる

用人兼小姓頭の片岡源五右衛門《かたおかげんごえもん》（三百石）は、内匠頭が切腹すると、田中貞四郎《たなかさだしろう》（百石）・磯貝十郎左衛門《いそがいじゅうろうざえもん》（百石）・中村清右衛門《なかむらせいえもん》（百石）とともに落髪し、初七日が過ぎるのを待って赤穂に急いだ。磯貝・中村はともに小姓・小納戸《こなんど》などの内匠頭の近習《きんじゅう》を務めており、田中も同様だったと思われる。かつてなら主君に殉死する立場にある者たちである。

片岡らが赤穂に着いたのは、三月末であろう。大石は、片岡らを呼び出して言った（『堀部武庸《たけつね》筆記』上）。

「面々は格別の立場にある人たちだから、我々の考えに同意してくれるだろう」

ところが片岡たちは、

「我等どもは、存じ寄りがございますので、それに同意はできません」

と答え、江戸に帰っていった。

諸人は、片岡らの行動について、不審を持った。

「さっそくに赤穂にのぼったのは、おそらく国元の者たちと自害しようと考えてのことだと思ったが、存じ寄りがあると言って同意しなかった。それなら江戸に帰って上野介を討とうというのかと思うと、そうでもない。主君の初七日が過ぎるのを待ちかねて赤穂にのぼったのはなぜだろう。心得がたい」

片岡と磯貝が後に討ち入りに加わったことを考えれば、片岡らの意図は、国元の藩士たちの決意を聞きたかったものと思われる。ところが、城の大手門で自害するなどという自滅行為を決めているのを知り、失望してまた江戸に戻ったものだろう。

定江戸の藩士だった堀部《ほりべ》安兵衛《やすべえ》（二百石）は、上野介が生きており、重傷でもないようだということを聞き、奥田《おくだ》孫太夫《まごだゆう》（兵左衛門・百五十石）・高田《たかた》郡兵衛《ぐんべえ》（二百石）とともに吉良邸へ討ち入って上野介を殺すべきだと考えた。

堀部安兵衛らも赤穂にのぼる

この堀部が、急進派の中心であり、『堀部武庸筆記』という詳細な記録を残している。これには、堀部らが出した書状の控えだけでなく、大石や原らの書状も書き留められており、討ち入りを決める円山《まるやま》会議までの基本史料となっている。以下、これを中心に記述していこう。

堀部たちは江戸の藩士たちを説いて回ったが、家老・用人たちは言うにおよばず、ほかの者たちも同意する者はいなかった。

赤穂の藩士たちに同志はいないかと探ってみても、家老たちは何も伝えてくれない。

そこで、自分たちだけでも討ち入ろうと考え、吉良邸を探ってみたが、上野介の実子が藩主である米沢藩上杉家から藩士が交代で派遣されており、厳重な警戒体制がとられていた。これでは、討ち入ったとしても、本望は達しがたい。

堀部は、こう考えた。

「自分たちの武士の一分を晴らすためだけに、討ち死にする道理はない」

我々一分の見晴れに討ち死に致すべき道理なし。

自分たちの名誉を守るために討ち死にするだけというのは、自分たちのとるべき道ではない、というのである。

しかも、討ち入りを敢行すれば、浅野家の親類にまで迷惑をかける。そこで、赤穂に行き、浅野家中が離散しないうちに、討ち入りの決意を共有しておこうと考えた。もし、赤穂の者たちが籠城することに決まっていれば、先代の内匠頭が建てた城で討ち死にするのはそれはそれで本望の至りである。

そこで、一刻も早く赤穂にのぼろうと考え、四月五日に江戸を出立した。「この儘にあらば、諸人に面をさらし、生前の恥たるべし」というのがその時の心境だった。堀部の考えは、主君が切腹に処せられたのに、家臣が何もしないのは恥だというものである。堀部としてみれば、討ち入りにせよ籠城にせよ、すぐにでも何らかの行動を取らなければ、武士の「一分」が立たないのである。

江戸と赤穂は、ふつうに旅をすると十七日の旅程だったが、堀部たちは先を急ぎ、十四日の戌上刻（午後七時頃）に赤穂に着いた。わずか十日の旅程だった。

堀部たちは、すぐに大石の屋敷に行って面談を願った。大石は三人を書院に通し、対面した。

堀部は、大石に訴えた。

「上野介が今もって生きていますので、当城を離散し、どこへも顔の向けようがありません。ただ城を枕として死ぬほかはないのです」

しかし、大石は、それはすでに議論を尽くしたことで、戸田采女正殿や浅野大学殿から、首尾良く城を引き渡すよう申し渡されているので、籠城はできない、と答えた。堀部が赤穂に着いた時には、もう赤穂城開城に衆議は一決していたのである。親戚大名らからの指示が、籠城や自害という選択肢を奪ったと言える。

この時点での大石の考えは、次のようなものだった。

「すでに江戸家老の安井彦右衛門と藤井又左衛門が戸田殿や大学殿へ出入りしているので、もし籠城すれば大学の指示のように思われる。そうなると、浅野の名跡《みょうせき》まで失う可能性があり、不忠となる。この上は、籠城は取りやめ、大学殿の一分が立つようにできるかどうか、しばらく見届けて見よう」

堀部らと大石内蔵助の会談

堀部は、さらに食い下がった。彼の考えは、こうである。

「上野介が生きているのですから、御主人の敵を見ながらどこにも行くところはありません。家中の一分が立つように仰せ付けられないうちは、この城を滞りなく渡し、どこへ退こうというのでしょうか。家中にろくな武士がいないと評判になるでしょう。それは、末代までの恥です」

上野介存生の間、御主人の敵を見ながら何方へ罷り越すべき様御座なく候。家中の一分立ち候様に仰せ付けられ下されざる内は、当城滞りなく相渡し、何方へ罷り越す様御座なく候。家中に人もこれなき様相聞こゆべく候。左候はば、後代迄恥たるべし。

堀部は、自分の「一分」だけを問題にしているのではなく、浅野家中の武士としての「一分」を立てようとしていた。もし籠城もせず、離散したとしたら、「家中に人もこれなき様」に思われるというのがいやなのである。

また、上野介が主人の「敵」であるとは言っているが、主君への忠義を果たそう、とは言っていない。問題なのは、あくまで家臣としての名誉だった。これが堀部の考えを見る上で重要な点である。

しかし、大石は、もっともなことだとしながら、戸田殿・大学殿へ御請けをしている以上、もし籠城などすれば、戸田殿を出し抜いたようになるので、それは困難である、と答えた。

大石の方は、武士の信義の問題だった。いったん御請けした以上は、それについては守る必要がある。堀部らも、それは家老の立場として致し方のないこと、と考え、大石抜きで話を進めようとした。番頭の奥野将監に談じ、家中の志のある者だけで籠城をすれば、大石も加わることになるだろう、と考えたのである。

しかし奥野は、すでに大石と相談して決めたことを、貴殿らの説得で考えを変え、大石を退けて行動することはできない、と拒否した。これももっともなことだった。

11—大石内蔵助画像

堀部らは、物頭らへも談じたが、彼らも奥野同様の答えだった。

そこで堀部らは、もう一度大石と会い、今後の決意の程を尋ねた。これに対して大石は、次のように答えた。

「おのおのは、この内蔵助に従おうと考えてはるばる赤穂城まで来たのだから、まず今回は内蔵助に任せよ。これで終わりということではない。以後の含みもある」

各儀、この度内蔵助に従い候はんと思し召し候て遙々御登城候て仰せ聞けられ候上は、先この度は内蔵助に任せ候へ。是切りには限るべからず、以後の含みもこれあり候。

堀部らは、これを聞いて、「それならば了承しました」と返答した。

四月十六日、幕府目付らが赤穂に到着し、大石らは出迎えに出た。その時、堀部らと行き会ったので、大石は、小山源五右衛門に、堀部らが目付へ何か存じ寄りなど申し上げるようなことがないかどうか、確かめさせた。堀部らは、約束した以上は、そのようなことはする筈がありません、と答えている。

その後、堀部らは大石に暇乞いをした。大石は、「この度は大儀」と三人をねぎらった。堀部らが赤穂を発ったのは、二十二日のことである。

城付き武具と兵糧米の引き渡し

赤穂藩が上使に引き渡すことにした城付き武具は、長柄鎗五十本、鉄砲五十挺を初めとして十五口あった。そのほかに、以前の赤穂藩主の池田輝興《いけだてるおき》から引き継いだ長江鎗百本と鉄砲百九挺も引き渡した（以下『播磨国赤穂城附武具帳』による）。

城付きの兵糧米は、四斗俵で三千三十六俵（千二百十四石四斗）を引き渡した。当初は売却するつもりだったが、上使から城付きの兵糧米も必要と通告され、これだけの分を残したのである。

引き渡された城付き武具は、次の領主に引き渡されることになる。兵糧米も同様だが、これは城受け取りを担当した大名へ手当として支給されるのが一般的だったと思われる。

城にはもっと多くの武具があったが、その分と城にある道具類などの藩主の財産は、売却して金に換えた（以下「城下の情勢を伝える書状」による）。

すでに四月二日には、十七艘あった船が一括して十七貫で売却されている。一艘につき銀一貫（二百四万円）である。「御銀船」と称された楠造りの八十石積みの船だけは、建造後まだ三年しかたっていないこともあり、二貫四、五百匁で売られた。

四日には、藩の作事方の材木が、入札で売り払われた。ついで、城の御納戸にあった貴重な品物や御台所道具が、城外の蔵屋敷に運び出され、売却された。

十三日には、城に備えてあった金頭具足五十領、小姓具足二十三領などを初めとする、具足、馬具、弓、鎗など合わせて六十七口が売り払われ、大坂の商人たちや庄兵衛という者が銀十五貫目で落札した。鉄砲百五十挺の鉄砲と七挺の大筒も、庄兵衛に入札なしで売却された。

藩士たちも、屋敷の畳や建具などを商人に売り払った。引っ越しの邪魔になる武具や馬具なども売却した。家中には、馬を飼っている者が三十三人おり、そのうちの二十六匹が八日までに売却され、残りの馬もだんだんと契約がまとまっていった。

こうして城を引き渡す以前の十五日には、藩士たちの多くは屋敷を出、赤穂から立ち退いていた。引っ越し先は、赤穂の在所のほか、大坂・京都・伏見などが多かった。これらの都市に出れば、なんとか生活の目途も立ったのだろう。

足軽は、預かっていた鉄炮を下賜された。足軽たちは、もとは農民である者が多かったから、在所に持っていったり、町方で売り払ったりした。鉄炮は、城付きの武具として幕府に引き渡されるものだが、城付きの分は確保した上で、足軽に預けていた分を生活の足しとして渡したのである。

赤穂城引き渡し

十八日、いよいよ目付による城見分が行われた（『江赤見聞記』巻二）。

幕府の上使荒木十左衛門と榊原采女、幕府代官の石原《いしはら》新左衛門《しんざえもん》正氏《まさうじ》（廩米三百五十俵）と岡田《おかだ》庄太夫《しょうだゆう》俊陳《としのぶ》（廩米百五十俵）が城に着いた。赤穂藩側は、大石内蔵助・奥野将監・田中清兵衛・間瀬《ませ》久太夫《きゅうだゆう》が応対した。

大石と奥野が案内して本丸屋敷に入り、上使ら四人を金之間へ通して茶を差し上げた時、大石が出て行って申し上げた。

12――赤穂城請取りに赴く龍野藩の行列図

「内匠が不調法の仕方にて御仕置を仰せ付けられたことは、申し上げようもございません。先代の内匠頭は権現様が御一統なさる以前から台徳院《たいとくいん》様へ御奉公申し上げ、代々御厚恩を蒙っていたところ、この節断絶するのはひとしお残念に存じます。弟大学は閉門を仰せ付けられています。この者の安否の程をも存ぜず、家中が離散するのは安心できないことで、私どももたいへん不憫に思っていることを、憚りながらお察しください。大学が御奉公を相勤めるほどの首尾になることを願い奉ります」

しかし四人は、何の返答もなく、その座を立った。

その後、大書院に通した時、ふたたび大石が出て、同様の嘆願を行った。この時も四人は、何の返答もせず、その座を立った。

さて帰る段になって、四人が城の玄関にいた時、大石は三度出て行って、同様の嘆願をした。

ここで三度無視するのも武士の情けがないと思ったのか、石原が荒木に、「内蔵助の申し分は余儀ない事です。これは帰府の上、御報告してもかまわないことだと存じます」と持ちかけた。

荒木も、「なるほど内蔵助の申し分は、一通り尤《もっと》もである」と受けた。

そこで大石は、もう一段踏み込んだ嘆願をした。

「御懇意の御言葉ですので、申し上げます。なにぶんにも御取り成しいただき、大学が御免を蒙り、面目も立って人前に相勤め、御奉公をもできるようになし下されれば、家中の者はことごとく安堵いたします。憚りをも顧みず、申し上げます」

ただ大学の赦免を願うのではなく、「人前」に奉公できるように取り成してほしい、と願ったのである。この「人前」の意味については、後に詳しく考えていく。

これに対して荒木は、「帰ったら、御老中方へこの段、お話し申し上げるべきだろうか。采女殿はいかが思われる」と榊原に尋ねた。

榊原も、「なるほど尤も」と受けた。

そこで荒木は、「このことは、帰府次第、詳しく申し上げるので、御家中にその段を伝えよ」と大石に告げた。

大石は、「いずれも忝《かたじけな》く存じ奉ります」と御礼を言った。

さて旅宿に帰った上使は、大石を呼び出して、告げた。

「今朝は城中での願いの件、また城内の掃除など入念に命じ、諸事のはからいがよかったことに感じ入りました。このことは、今般、飛脚で言上しました」

城中では幕府の使者であるために厳密な言葉遣いをしていたが、これは旅宿で内々の会話であるため、たいへん丁寧な言葉で大石をねぎらったのである。

この時、家中の者の今後の居所についても指示があった。どこに落ち着くにしても、自分たちが証文を発行するから大丈夫で、江戸に行くなら女手形も発行する、このまま赤穂に居住する場合は、願いをあげれば許可する、というものだった。

13── 京都山科の大石内蔵助寓居跡（岩屋寺）

赤穂藩の残務処理と藩士の落ち着き先

赤穂城の引き渡しが無事終り、残務処理は大石内蔵助以下三十四人が赤穂に残って行った。

家老の大石のほか、用人、目付、赤穂郡代《ぐんだい》、加東《かとう》郡代、在々《ざいざい》奉行、蔵奉行、武具奉行、宗門奉行、船奉行、作事奉行、屋敷改めの各役人二十三名と、矢頭長助《やとうちょうすけ》ほか三人の勘定人、中村勘《なかむらかん》助《すけ》ほか六人の物書役である（「残り人之覚」）。残務処理にあたった藩士には、幕府から扶持《ふち》が支給された。

帳簿が完成して幕府目付に引き渡されたのは、五月十八日のことである。大石は、この日、奉行・小役人・その外身分の低い者までを集め、それまで勤めたことの御礼として「魚類の料理」を振る舞った。その後、侍身分の者は居間で一人ずつ金子《きんす》などが渡され、その外の者は書院で一同にお礼がなされた。

残務処理を終えた大石は、京都の山科《やましな》に居を据えた。ほかの旧赤穂藩士らも、大坂、京都、江戸、赤穂の村などに居を移した。

第二の敗者

藩士たちへは、元禄十四年分の切米《きりまい》が支給された。藩の蔵にあった米から、この年の支給分を渡したのである。これは、総計米一万七千八百三十六石余（金にして一万三千七百二十両）になる。幕府へ返納した兵糧米は、この分を除いた残りだったと推定される。

四月五日には、藩の財産を処分した代金を主な原資として、退職金にあたる「割賦金」を支給した（『江赤見聞記』巻二）。

割賦金は、高に応じて支給されたが、低い禄の家臣の困窮を考え、高禄の者ほど支給の割合を減じた。これは大石の主張によるもので、大石自身は割賦金を受け取らなかった。

知行取りの割賦金は、知行百石につき金十八両が支給された。二百石の馬廻のれっきとした武士でも、わずか金三十六両、これは年収一年間分にも及ばない。

切米取りの中小姓以下は、中小姓組が金十四両、「中間ぬけ」が金十一両、歩行組が金十両、同並役人が金七両、小役人が金五両、持筒足軽・水主《かこ》が米三石、長柄之者が米二石、定番人が金三両二分だった。

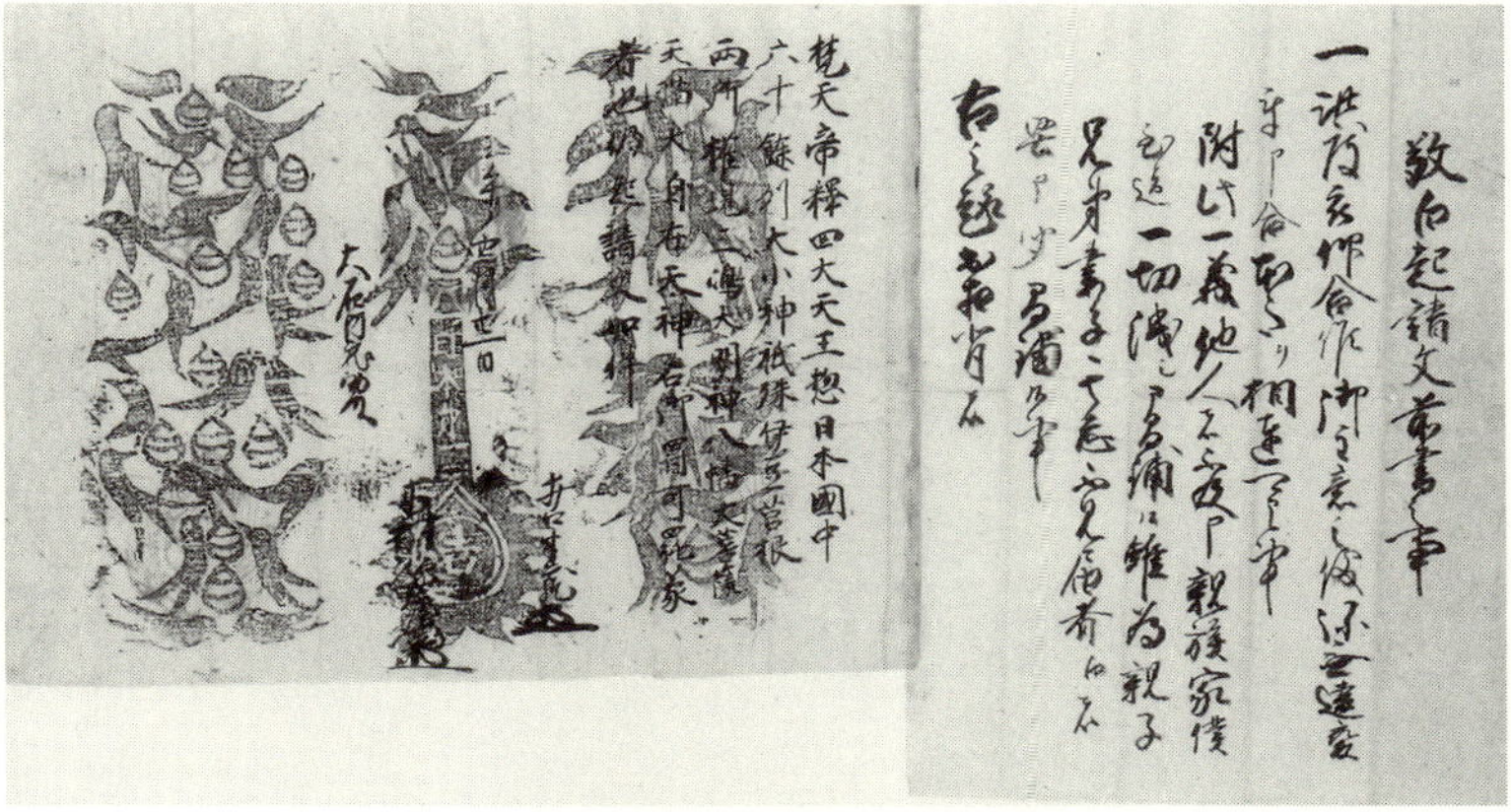

14──井口半蔵・木村孫右衛門連署起請文

十五日には、重ねて中小姓以上に金六両、歩行《かち》組以上に金二両、小役人に金一両が、「足金《たしきん》」として支給された。下層の者にできるだけ手厚くという方針が見える。

江戸詰めの者には、上方へ上る路銀として総計金百九十七両二分が支給されたほか、百石に付き金十両、中小姓に金八両、歩行に金六両の割符金が渡された。

藩士たちは、新たに住居を探さなければならず、引っ越し費用なども考えると、藩から支給されたその年分の切米や「割賦金」は、節約してせいぜい一、二年ほどの生活費にしかならなかったと思われる。

即日切腹を命じられた浅野内匠頭が第一の敗者だとすれば、御家断絶により藩士の地位を失った旧赤穂藩士たちは、第二の敗者だった。

ただし大石は、藩士たちをそのまま離散させたわけではなく、近い将来、また旧藩士で結束するつもりだった。それは、赤穂を離れる者たちから提出させた起請文（神文）に明らかである。たとえば四月二十一日付けで、井口半蔵・木村孫右衛門が連署で提出した起請文前書には、次のように書かれている。

「この度仰せ含められました御趣意は、いよいよ違変なく互いに申し合わせ、本意を達します。付けたり、この一儀は、他人は申すに及ばず、親族家僕に至るまで、一切洩らしません。親子兄弟妻子であっても、その志を見届けられない者へは決して話しません」

一、此度仰せ含めらる御主意之儀、弥無違変互に申し合せ、本意を相達し申すべき事、

附、此一義、他人は申すに及ばず、親族家僕至る迄、一切洩し申すまじく候。親子兄弟妻子たると雖も、其志見届けざる者江は、堅く申し聞けまじく候事

赤穂城の引き渡しが終わったのが四月十九日、大石は残務処理が終わる五月二十一日まで赤穂に滞在したから、赤穂を離れる者はこうした起請文を提出し、落ち着き先を知らせたのだろう。他人は言うに及ばず親子兄弟妻子にもむやみに話してはならないというのだから、大石は、場合によっては吉良への復讐を行うこともありうることを、最初から打ち明けていたようである。それに応じ、神文を提出した者が、六十人程いたという。『浅野内匠頭侍帳』によれば、赤穂藩には知行取りが百四十九名、切米取りが百二十三名いたから、これはかなり少ない数字である。

Ⅱ　大石内蔵助と急進派

15——堀部安兵衛像

浅野家再興よりも吉良上野介への仇討ちを優先させようとする急進派の中心人物．大石らとの往復書簡を書き留めた『堀部武庸筆記』は赤穂事件の最も重要な史料の一つとなっている．

1　御家再興を考える大石内蔵助

瑞光院に内匠頭の石塔を建てる

赤穂を離れるにあたって、大石は、藩主の菩提寺等へ寄進を行っている。花嶽寺へは歴代藩主等の御墓料として、浜田の年貢地三町五反一畝六歩を寄進し、遠林寺《えんりんじ》には扶助として金五十両を渡している。赤穂藩がなくなると扶助する者がいなくなるので、藩の財産が残っているうちに、寄進したのである。

また大石は、内匠頭の菩提を弔うため、京都紫野《むらさきの》の瑞光院《ずいこういん》へ内匠頭の石塔を建て、永代供養のため、下賀茂村の山を金二百両で購入し、瑞光院へ寄進した。代金は、大石が藩の財産からの預り金として管理した六百七十一両ほどの中から支払われた。

預り金は、討ち入りのための軍資金としても使われ、その算用は、現在箱根神社に所蔵されている『預置候金銀請払帳《あずかりおきそうろうきんぎんうけはらいちょう》』（以下『金銀請払帳』と略す）に詳しく記されている。これは、討ち入り前、大石が瑤泉院付き用人の落合与左衛門に提出したものである。

瑞光院は、内匠頭の正室瑤泉院の従弟が院主を勤めていた寺である。その由緒によって、泉岳寺《せんがくじ》のほか、京都にも藩主の石塔を建てたのである。旧藩士たちは、折りに触れて瑞光院に参詣し、討ち入りの相談などをしている。

浅野家再興の工作

五月二十一日、大石は、京都六波羅《ろくはら》にある普門院へ手紙を書いた。その中心部分は、以下の通りである（『江赤見聞記』巻二）。

「なにとぞ江戸の御役人様方へ手づるを求め、大学の閉門の御免を蒙り、人前も宜しく勤めることができるようにしたいと思います。そうすれば、家中の者どもが安堵するでしょう。申しにくいことですが、あなた様が江戸に御下りなさって、公儀向きの取り繕いをするよう頼み入ります。護持院《ごじいん》へはかねて御心安い仲だと承っております。なにとぞ宜しく相談されるようしていただきたいと思います」

16── 隆光大僧正

護持院の大僧正隆光《だいそうじょうりゅうこう》は、綱吉が特に帰依した僧侶である。普門院は赤穂の遠林寺の住職も務めていたので、こうした依頼をしようとしたのである。しかし、原惣右衛門が持参したこの手紙は、普門院に届けることができず持ち帰った。

次いで大石は、遠林寺の僧祐海《ゆうかい》という者を江戸に遣わした。祐海の知り合いである浅野家江戸屋敷の祈願所鏡照院を介して隆光と対面し、大学の赦免を嘆願させようとしたのである。

祐海は、隆光との対面を果たしたが、結局、何の成果もなかった。

大石は、側用人として綱吉の信頼篤い柳沢吉保にも、手筋を求めようとしている（渡辺世祐『正史赤穂義士』光和堂、一九七五年）。七月二十二日付けで祐海にあてた手紙では、次のように書いている。

「柳沢様への御手筋はないでしょうか。先頃、御典医の植村養仙殿が御聞き届けになり、手筋を御教示してくれました。柳沢様の御家老平岡宇右衛門、御用人豊原権右衛門という方に依頼すれば、柳沢様の御耳へも達することができるようです。この方々へなにとぞ近づいて、頼んでいただけますか。鏡照院とも相談してください。この取り入りにあたっては物入りもあると察します。それはよいように御取り繕いいただきたいと思います。金子が入用でしたら、仰せ越してください。今度の道中にもずいぶん費用がかかったとのこと、尤ものことです」

大石は、祐海を江戸に遣わすにあたって、「往来旅銀、江戸において方々への手遣いの入用銀」として金二十両を渡している（『金銀請払帳』）。しかし、それではまったく足りなかったようである。

大石の御家再興論

大石の御家再興論については、注意が必要である。ただ、浅野大学が赦免され、浅野家が再興されることを求めていたわけでないからである。これは、渡辺世祐氏が強調されていることだが、先の祐海にあてた手紙の中から、大石自身による説明を紹介しておこう。

「大学様の御安否のことは、赤穂でも申しました通り、御赦免を乞い願っているわけでは毛頭ありません。いつであっても許された時、首尾よく人前もなるように御面目が立つようにと願っているのです。許されたとしても、吉良氏が勤役していて大学様と並んで勤めるようなことだと、大学様の人前はなりません。この所まで考え、御目付中へも人前がなるようにと申し上げていますす。ここは少し難しいところですが、そのようにならなければ、大学様がどれほど結構に取り立てられても詮無いことで、人前はなりません。しかし、吉良父子を急度処罰して下さるように願っているわけではありません。一度判断を下したのですから、幕府としても今更それはできないでしょう。この段も考えて、了簡してください。ただ吉良殿が出勤できないようになり、大学様が御赦免になれば、人前はなり、面目は立ちます。並んで御勤めする形では、人前はならないということです」

大石は、赤穂藩が再興されて家臣が元通り召し抱えられることを追究しているわけではない。あくまで大学が、「人前」がなる、すなわち面目が立つ形で赦免されることをめざしているのである。それを実現することは、旧赤穂藩士としての義務と考えていたのだろう。

大学の赦免すらなかなか見通しが立たないことであるのに、吉良の出仕停止まで求めたのでは、この嘆願が受け入れられる可能性はほとんどなかったと思われる。

しかし、喧嘩両成敗のもとにありながら一方的な敗者となった亡君浅野内匠頭の鬱憤を散じ、旧赤穂藩士が勝者になるためには、この大学の「人前」はどうしても実現しなければならないことだったのである。

浅野大学の動向

それでは、当の大学はどのように考えていたのだろうか。

大学の動きが知れるのは、三月十四日、刃傷事件当日に出した国元の家老大石内蔵助・大野九郎兵衛宛の書状である。これは、早水藤左衛門ら第一便の使者に託されて赤穂に送られたものである（『岡島常樹覚書』）。

「特に手紙で知らせます。この十四日、内匠様は勅答があるので登城され、殿中に於いて吉良上野介殿に一太刀切りつけ、御目付衆に引き分けられました。内匠様は怪我もありませんが、言うべき言葉もありません。このため、水野監物殿（忠之、三河岡崎藩主）と御目付近藤平八殿（重興、七百石）・天野伝四郎殿（富重、七百五十石）が、屋敷の火の用心、および家中が騒動しないようにとの御老中の命令を伝えに、こちらの屋敷へ参られました。そのため、国元の家中の者共も、城下の町が騒動しないように、必ず命じなさい。また、組頭共へも、私が申したということで、このことを伝えなさい。その外物頭・諸役人へも申し渡しなさい。家老の者が少ないので、両人とも江戸に下ることがないようにしなさい。そのため、この手紙を送ります。恐々」

態と一筆申し達し候。今十四日勅答に付き登城成され、殿中に於いて吉良上野介殿ヲ内匠様一太刀御切り付《つく》るの処、御目付衆分け申され、内匠様別状これ無き由に付き、右の段、言語を絶し候。これにより水野監物殿、御目付近藤平八殿・天野伝四郎殿、家中火ノ許急度申し付け、騒動仕らず候趣にと御老中仰せ付けられ候由にて、此許《このもと》屋敷へ参られ候。それに付き、其元家中者共、城下の町騒動仕らず候様に急度申し付けらるべく候。且つ又、組頭共へも、我等申し候由、右の段申し聞けらるべく候。其外物頭・諸役人へも申し渡さるべく候。各仲ケ間少之間、両人の内罷り下り候儀、必ず無用仕らるべく候。そのため、此《この》如く候。恐々

大学は、老中からの指示を国元に伝え、藩士たちが騒動を起こさないよう、命じただけであって、そのほかの指示はまったく出していない。将軍の直臣である旗本の立場にある大学は、幕府の指示に従うべき存在であって、殿中で刃傷事件を乱した兄の行動に対して幕府がなした処分に、異を唱えることはできなかっただろうし、吉良が兄の敵であるということも、考え付かなかったのではないだろうか。

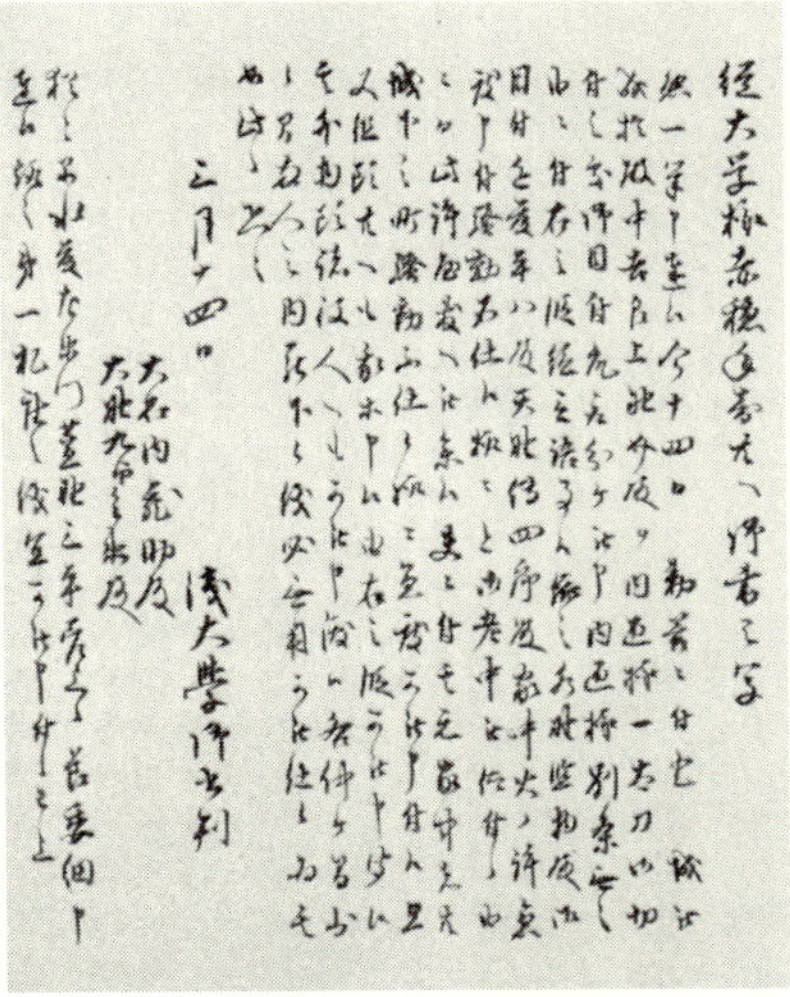

17――刃傷事件の直後の大石・大野宛大学の手紙

そして、閉門となったことによって、赤穂藩の旧藩士に対して連絡もできない立場になった。大石たちが大学殿の「人前」を議論しているのは、まったく旧藩士内のことであって、大学がどのように考えているかなどは、誰も気にする者はいな

かったのである。

2 武士の一分にこだわる急進派

江戸の急進派

内匠頭が切腹した後、真っ先に吉良邸討ち入りを考えたのは、江戸詰め藩士の奥田兵左衛門・堀部安兵衛・高田郡兵衛の三人である。

すでに述べたように、三人は吉良邸の様子を窺ったが、警備が厳しいためあきらめて赤穂に向かい、籠城に加わろうとした。しかし、大石らに拒否され、むなしく江戸に戻った。

江戸に戻った堀部らは、やはり吉良邸への討ち入りを断念しがたく、五月十九日付けで手紙を送った。宛先は、大石内蔵助・奥野将監・吉田忠左衛門《よしだちゅうざえもん》・河村伝兵衛・進藤源四郎・原惣右衛門・小山源五右衛門の幹部グループ七人である。堀部も、まずは旧藩の中枢部を頼りにしたことがわかる。

この手紙には、「今度皆さまが江戸へ御下りなされるならば、当分の御宿のこと、御心当てがございますか。承りたいと存じます」と書いているので、堀部らが赤穂を離れる時、大石は早めに江戸に下ることを約束していたのだろう。堀部は、それが討ち入りのためだと思いたかったようである。

堀部は、江戸に到着した時、宿の用意がなければ、自分のところに一、二日は泊まってくれていい、その間に借宅の用意ができるだろう、もし事前に用意しておく必要があるなら、そうしておく、と告げている。

しかし、一ヶ月たっても何の連絡もないため、堀部らは六月十九日、重ねて大石に手紙を送った。また、堀部は小山源五右衛門と心安い仲だったので、彼にも手紙を送っている（『堀部武庸筆記』上）。

堀部安兵衛の心情

これには、堀部の心情が切々と語られている。

「江戸では面白い噂もありますが、何を申しても皆さまの御下向の知らせがないので、一日一日と不快な日々を送っています。もし万一、御下向を御延引するという仰せがあれば、拙者が山科にのぼり、江戸の様子を御話し申し上げ、是非すぐに決意なさるようにと考えています」

堀部は、奥田・高田の二人と、江戸の旧赤穂藩士一人一人に決意のほどを聞いて回っていた。しかし、同志になりそうな者は、それまでのところ四、五人しかいなかった。

この頃は、旧赤穂藩士の動向が注目の的だった。赤穂から一、二人下って来ただけで、江戸ではいろいろと噂された。そのため堀部は、もし小山らが江戸に下向するなら、名前を変えて手紙を送ってほしい、と依頼している。

また、もし大石が直々に下向するなら、赤穂浪人が下向してきたと噂されないよう、名字などを変えるよう相談してほしい、と言い、次のように書いている。

「以前に内蔵助殿の御心にかなわなかった者でも、今勇気を心がけているなら、加えてもいいのではないでしょうか。何と言っても、小人数では本望を達することができないように見えます。吉良邸に討ち入って本意を遂げようと思うなら、何の申し合わせも入らないことですが、なにとぞこうなった上は、亡君の憤りを休めたいとのみの存念でございます」

堀部は、大石らが下向すれば、すぐにでも吉良邸に討ち入るつもりだったのである。

江戸家老安井彦右衛門

六月二十四日、内匠頭の百ケ日の法要が行われた。堀部・奥田・高田の三人は、香典をもって参列した。法事が済んだ後、三人は、内匠頭の墓の前で、「我々志の者どもが、一日も早く上野介の首を取り、御石碑の前へ差し上げたく存じております。その覚悟を決めております」と申し上げた。

そして三人は、これから江戸家老の安井彦右衛門の家に行って、討ち入りのことを談合しようと、まず使いを送った。安井からは、いつでも参るように、という返事がきた。

堀部たちは、赤穂から帰ってから安井に会うのは初めてだったので、一通りの挨拶をして、言った。

「御亡君は御祖父の御代からの御家を捨て、天下にも代えがたい命をも捨てられ、御鬱憤を散じられましたが、本意を遂げられずして御切腹遊ばされたことは、臣としてしのび難いことだと存じます。赤穂においても、面々へ申し談じておきましたので、この儀を思い立つ御覚悟があってほしいと存じます。それで定江戸の者ですが、志を立て、御下知に従おうという者がおりますでしょうか」

堀部は、「武士の一分」を立てるために討ち入りを、と考えていたのだが、他の者を誘う時は、家臣として亡君の鬱憤を晴らす、ということを前面に立てている。これが一番まとまりやすい説得法だったのだろう。

安井は、堀部に一応は同意しながら、婉曲に反対した。

「なるほど我々もさように存じており、おのおのお考えは尤も至極と思う。今までそのような志を語ってくれる人はいなかった。拙者も同意だが、大学殿の御首尾は宜しいようにもっぱら噂されている。また柳沢殿（吉保、側用人）が、大学殿は悪いようにはならないでしょうから御隠門中は随分と御慎みなされるようにしてほしいものです、とおっしゃっていると、家来の方から承っている。昔から書物にあるように、上野介の首をご覧あそばされるより、御祖父の家を再興なされる方がはるかに御亡君が喜ばれるだろうから、大学殿の御首尾を見届けるのがよいように思う」

堀部は反論した。

「亡君が御祖父の家を御大切に思っておいででしたら、我慢なさったでしょう。二つとない命を捨てられたのですから、上野介の首さえご覧あそばされれば、御心にかなうと思います。第一、貴殿をはじめ我々まで、みな亡君を主君と仰いでいたからには、どこまでも亡君へ御奉公するべきだと存じます。亡君の仰せであれば、大学殿へも手向かいする我々でございます。それは了簡違いだと存じます。とにかく御決意ください」

幕府の処分に従い、浅野家再興を口実に軽挙妄動を押さえようとする安井と、とにかく亡君の鬱憤を晴らすのが家臣の義務だと考える堀部の意見は、まっこうから対立している。

「上野介はたいへん用心しているように聞いているので、今討ち入るのは成算がないと思う。またそのうち相談するので、自重するようにせよ。まずは同意の者がいて、珍重である」

安井は、堀部らを説得するのは無理と考えたのか、堀部の志には同意すると言って、三人を帰した。堀部らは、安井も同意してくれたものと考えて、喜んで帰っていった。

ところが安井は、その後、磯貝十郎左衛門と松本新五左衛門に、次のように告げていた。

「この間、三人の者どもが、主君の仇討のことを言ってきた。三人が帰ったあとでよくよく思案したところ、たいへん心得違いの者どもである。志があるなら、人に構わず三人にて切り込めばいいので、人を誘うのは不届きである」

この安井の言葉は、磯貝によって三人に伝えられた。

堀部らは、「そのような腰抜けとは思わずなかった。亡君の厚恩を受け、取り立てられた家老だから、我々三人のような新参者でさえ義を立て、命を亡君の御為に抛とうというのを聞けば、恥ずかしく思うだろうと思って諫めたのに、これほどまでに腰は抜けるものか」と憤り、以後、安井と連絡をとるのはやめてしまった。

磯貝十郎左衛門

安井の話を伝えた磯貝十郎左衛門は、近習で百石取りの家臣である。当時二十五歳と若く、小姓として仕えており、内匠頭が切腹した時は落髪した。この頃までは、堀部たちに出入りし、「おのおの草履取りになってでも、本意を遂げ、亡君の憤りを散じたい」と告げていた。

小姓であるから内匠頭の覚えはめでたかっただろうが、堀部らが馬廻に所属する武役なのでこのような言い方をしたのだろう。

堀部は、「その方は、追腹をも切らなければならない立場の者だから、尤もの考えである」と言って同志に加えたが、それ以後、心変わりをしたのか音信不通になり、源助橋のあたりに酒見世を出して町人のようになった。

堀部は、「余りの事に大笑い致しける」と書いている。この磯貝が、後に討ち入りに参加することになろうとは、誰も思わなかっただろう。しかし、磯貝は磯貝なりに内心決意していたようである。

堀部は、これほど江戸の者が腰抜けでは、本意を遂げることはできない、とにかく上方の者と相談するほかはない、と考え、再び上方にのぼろうとした。

ちょうどその頃、堀部の五月十九日付けの手紙に対する六月十二日付け大石と原惣右衛門連名の返事が届いた。

これによれば、赤穂の者が江戸に下向する件について、大勢が行けば評判が立ってよくないだろうから、まず七、八人ほどで下向するつもりである、とする。今回の江戸行きは、堀部らが考えている討ち入りのためではない。書面には述べがたいので、下った時に直接話すつもりである。

大石は、早めに下向するつもりではあった。しかし、五月十一日頃から左腕に腫れ物ができ、一旦は平癒したのだがまた再発し、しばらくは養生する必要があった。そのため、大石の下向がいつになるかはわからなかった。

大石と堀部の考えの相違

大石は、この時点では、原惣右衛門ともう一人ぐらいで江戸に行き、泉岳寺へも参詣し、赤穂で幕府目付衆へ嘆願した件が老中へ披露されたかどうかを確認するつもりだった。彼の考えは、七月十三日付け書状に次のように示されている（『堀部武庸覚書』）。

「このようになっていくのも、ひとえに大学様の御為《おんため》を思ってのことなので、今はどのような事があっても、時節を待ち、なんとか御首尾がよく、人前の交際もできるようになれば本望至極です」

かくの如く成り行き候も、偏に大学様御為を存じ奉り候故に候得ば、この節何様の儀候とも、時節を相待ち、何卒御首尾宜しく、人前の御交りもなされよき事も候得ば御本望至極。

まずは大学が、「人前の御交り」ができるようにしたい、というのである。

これに対して堀部は、武士として生きている我々にとって、「真実の忠節」とは何か、という観点から、大石の考えを批判する。その中心的な部分は、次のようなものである。

「大学様は、すでに分地を与えられ別家を立てられたのですから、御連枝の関係です。私も皆さまも、御亡君様だけを主君と仰いでおります。家来の身として、御亡君へ忠を尽くすことが本意と存じております。亡君は天下にも代えられない命と祖父以来続いてきた御家を捨てられ、御鬱憤を晴らそうとしたのですから、家来の身として、主君の敵を見逭し、分家の大学様を大切というのは、ひとえに大学様を口実に命をかばっているように聞こえます」

主君の敵は吉良であって、大学様への忠節をどうこう言うのは、大学様を口実に命を守ろうとするものにすぎない、というのである。江戸の評判でも、赤穂浅野家は「家久しき家柄」なので、義を立てる侍がいないということはないだろうから、主人の敵を見逭すことはあるまい、というのが一般的だった。

呉服橋の吉良邸の隣は蜂須賀《はちすか》飛驒守《ひだのかみ》隆重（阿波富田藩）邸だったが、赤穂の旧臣が切り込むだろうからその準備をしておくようにと命じ、昼夜心がけていたため、家中の者がたいへん困窮し、吉良の屋敷替えをしてもらおうという下心で、その旨を老中に伝えているということだった（『堀部武庸筆記』上）。隆重は徳島藩の分家で五万石に過ぎなかったから、警備が負担になったことは理解できる。

また、大学様は、兄の切腹を見ながら敵の吉良に何もしないのなら、たとえ百万石を下されたとしても「人前」はならないだろう、と江戸中が噂しているという。

大石の考えでは、どううまくいっても大学様の人前もならないし、赤穂の旧臣たちの「武士道」も立たない、というのである。

それではどうすればいいのか。堀部の考えはこうである。

「吉良さえ討てば、大学殿の人前はなります。今の閉門中に吉良を討てば、大学殿は無事でしょう。もし閉門が許されてから討てば、大学殿の指図のようになるので、御為によくありません。もし家中の者が腰抜けならば、おそらく大学殿が吉良邸へ踏み込むだろうと、大名や旗本らが評判しています」

これは、確かに堀部に一理があった。

堀部がどのような情報源によってこう述べているかは明らかでないが、当時の評判は、赤穂の旧臣かそうでなければ大学自身が吉良邸に踏み込むだろうというものだったのである。その意味では、幕府の判決は最初から理を欠いたものだというのが、一般的な受け止め方だった。

吉良邸の屋敷替え

蜂須賀家の嘆願が功を奏したのか、吉良上野介は、屋敷替えを命じられることになった。場所は、隅田川を越えた本所《ほんじょ》の辺りということだった。これは、討ち入りを考える赤穂の旧臣にとっては幸いなことだった。

上野介の従弟の婿水野隼人正《はやとのかみ》は、屋敷替えのことが話題にのぼった時、御伽《おとぎ》の座頭が「これは御公儀より、内匠頭家来に討てと仰せ出したような遊ばし方ではないでしょうか」と言ったところ、隼人正も「なるほど、その通りだ」と言ったという。
堀部は、これらの江戸の情報を大石に伝え、大石の決意を促している。
これに対し大石は、まったく動揺せず、十月五日付け書状で、次のように諭している。

18——本所吉良邸跡（東京都墨田区両国）

「今まで我々がこうしているのはどうしてか、根本を考えてほしい。事を急ぎ、私を立てるのであれば、このようにはなっていない筈だ。世間がいろいろと言うのは、なるほどそうであろう。しかし、私を捨て根元を見れば、世間の批判はさして頓着すべきとは思わない。ただ、元の趣意を立てていればよい。我意《がい》によって名跡《みょうせき》まで断絶するように引き倒すのは、本意と言うべきだろうか。とにかく成り行きを見届け、それに応じて行動すべきだと思う。おそらくよい事は万に一つもないだろうと覚悟しているが、現在まで待っているのはそのためである。千に一つも面目が立ち、人前になる首尾になれば、亡君もお喜びになるのではないだろうか」

大石は、赤穂で切腹しないと決意してから、とりあえずはそこで行った嘆願がどうなるかを見守ろうとしていたのである。大石とて、武士の面目を考えれば、自害するなり討ち入るなどして、「私を立てる」こともできた。しかし、それは「我意によって名跡まで断絶するように引き倒す」ことになる。大石は、浅野の名跡を失ったとしたら、それこそ亡君の心に叛くことになる、と考えているのである。

こうして、大石と堀部の考えは、平行線をたどったまま、原惣右衛門の江戸下向を迎えることになるのである。

3　大石内蔵助、急進派を抑える

原惣右衛門、進藤源四郎の江戸下向

堀部安兵衛ら三人は、大石に八月十九日付け書状を送ったのち、埒が明かないので再び上方へのぼり、直接説得して討ち入りを敢行しようと計画を立てた。するとと、近々原惣右衛門が江戸に下向するとの知らせがきた。そこでしばらく待っていたところ、原から江戸到着を知らせてきた。

さっそく三人で原の旅宿を訪ね、相談した。原と同道してきたのは、潮田又之丞《うしおだまたのじょう》（三十五歳）と中村勘助（四十七歳）の二人だった。潮田は奥野将監組の馬廻で二百石、中村は物書役で百石の中級家

臣である。

堀部らは、原たちが自分たちの意見に賛同したのに気をよくして帰っていった。その後、堀部宅などに彼らを呼んで意気投合した。堀部は、逗留のうちに一度鎌倉を見物に行き、亡君の敵を討つ立願をして起請文を神前に供えようと提案し、三人の賛同を得た。

そこで、十月七日に江戸を発とうと計画したところ、上方から手紙で、進藤源四郎が大高源五《おおたかげんご》（三十一歳）を同道して七日頃に江戸に着くと知らせてきた。そのため、鎌倉行きは取りやめとした。

進藤は、物頭で四百石、大石の叔父にあたる赤穂藩の指導的な上級家臣である。一方の大高は、多儀太郎右衛門組の中小姓で二十石五人扶持の下級家臣である。彼らは、八日に江戸に到着した。

進藤、大高とも、堀部ら三人の考えは尤もであると承引し、早速大石を江戸に呼ぶことが決まった。そこで九日昼に町飛脚を雇い、大石にその旨を知らせた。

原、潮田、中村、大高は、みな討ち入りに参加する者たちだから、堀部の言葉に賛同したことはよく理解できる。しかし、進藤は後に脱盟する者で、当初から討ち入りにはそれほど積極的ではなかったのだが、堀部の言葉や、ともに同道した大高らの雰囲気にのまれて、賛同してしまったのだろう。

こうして、江戸の急進派をなだめるために江戸に下向した者は、ことごとく討ち入りに積極的な姿勢を示すことになった。

十月中旬には、元江戸藩邸詰めで最も急進的な武林唯七《たけばやしただしち》（三十一歳）も赤穂から江戸に戻ってきていた。武林は大高と同じ多儀太郎右衛門組の中小姓で、金十五両三扶持の下級家臣である。

堀部の見たところ、潮田、中村、大高、武林の四人は、意思堅固な者たちだった。そこで、上方の同志のまとめ役としての役割を期待し、来年三月の一周忌には吉良邸に討ち入ることを約す起請文を取り交わすことを提案した。

しかし、四人は、自分たちも同様の考えだが、大石の下向を控えているので、起請文を取り交わすのはその後にしたい、と謝絶した。武林以外の三人は、大石から旅費を支給されて下向しており、大石の指図のないままに堀部たちに賛同することはできないと考えたのだろう。

大石内蔵助の江戸下り

今にも討ち入りしそうな書状を受け取った大石は、急いで支度し、十一月三日に江戸に到着した。番頭の奥野将監、物頭の河村伝兵衛、大坂留守居の岡本次郎左衛門、中村清右衛門らを同道していた。いわば幹部グループが、一時に江戸に下ったのである。

翌四日、堀部ら三人は、大石の旅宿を訪ね、談合した。堀部の考えは、おおかた了承されたようだった。堀部らは喜び、潮田ら四人にもその旨を伝えて帰った。

同月十二日昼前、堀部ら三人は、ふたたび大石の旅宿を訪問した(『堀部武庸筆記』上)。

広間には、大石、奥野、河村、進藤、原、岡本が座り、次の間には潮田、中村、大高、武林、勝田《かつだ》新左衛門《しんざえもん》、中村清右衛門らが控えていた。

まず堀部が、口火を切った。

「先だって了承いただきましたように、来三月中に決行するというつもりで、只今から御手遣いの御相談をするのがよいと存じます。大学様の御安否を御聞き届けなされた上と考え御待ち合わせすることは、大学様に言寄せ、君臣の礼儀を失っているように存じます。大学様の御首尾が宜しくとも、我々が上野介を見遁すことにはならないので、大学様の御閉門の内に皆が鬱憤を散じれば、結局は大学様が御赦免になった後の人前もよくなり、君臣の礼儀も立つことになります」

「三月切りと定めるには及ばないことと存ずる。三月より前でも、時節が到来すれば、その時に一同が申し合わせればよい。とにかく、必ず大学様の成り行きは見たい」

「それは心得がたいことです。三月中というのは、御一周忌の前後ということですので、万一大学様の閉門が許されるかもしれません。また公儀を重んじ時節まで見合わせたという趣意も立ちますので、まずは三月中に決行すると決めておいて、段々に様子を窺い、三月中にわかれば本望ですし、もしわからなければ一、二ヶ月は延期し、互いに精を出して吉良邸の様子を探ればいいことです。このようなことは、日限を決めておかなければ皆の心底も決まらず、手遣いなども身に染みて行えないので、とにかく三月中と御決めいただきたい」

堀部の勢いに押されたのか、大石は、翌年三月の決行を認めようとした。

「では、まずは三月中に決意すると申し合わせ、段々に手遣いを相談しよう」

そこで、進藤が口を挟んだ。

「御当地は、大勢が寄り合って相談すると世間に噂が広まるので、寄合もやりにくい。京都の円山か霊山などで寄り合って、相談するのがよいのではないか」

「それならば、来春早々に上方へのぼり、御相談の御考えも承りたい」

これに大石も尤もと答えたので、翌年三月に京都で相談することになった。ただ、堀部は相談とは討ち入り決行を決めることだと考えており、大石らは必ずしもそこですぐに討ち入りを行うつもりはなく、あくまで相談のつもりだった。

しかし、次の間の潮田、中村、大高三人が広間に入ってきて、「御相談も決まり、来三月中に決行することになったこと、定めて御聞き届けになったでしょう」と語りかけた。

堀部らは、「我等三人は来春上方にのぼるように仰せになった」と答え、三人も「本望なる儀と存じます」と言い、次の間に退いた。

こうして、吉良邸討ち入りは、とりあえず内匠頭の一周忌前後を目途とするということに決まった。この談合に関与した人間は、堀部・奥田・高田の江戸急進派と大石のほか、奥田・進藤・河村・原・岡本の赤穂の幹部グループであり、潮田らは大石の支持派だった。このうち、幹部グループは、原を除いて脱盟することになる。それを考えれば、この頃までの議論は、堀部の主導のもとで行われたということができよう。

十一月二十二日、進藤、潮田、中村勘助、中村清右衛門の四人が江戸を発った。

大石は、赤穂城受け取りの目付である荒木十左衛門と榊原采女に挨拶するため、十一月二十三日まで江戸に逗留した。

原と大高の二人は、江戸に出てきた同志の拠点として家屋敷を買い求めるため、江戸に残った。出入りの日用頭《ひようがしら》前川忠太夫《まえかわちゅうだゆう》の斡旋で、三田に六十五両で屋敷を購入した（『金銀請払帳』によると七十両）。

十二月十一日には、吉良上野介の隠居の願いが受理され、実子の左兵衛義周《さひょうえよしちか》が家督を相続した。

吉良上野介の隠居

この知らせを受けた大石は、十二月二十五日付けの手紙で、「下手大工衆事を急ぎ申す事にてこれあるべく候哉と、この段覚束《おぼつか》なく候」と、はやる同志たちを大工になぞらえて自重を促す手紙を書いた。もし上野介が上杉家の奥深くに引っ込むならば、若旦那（左兵衛のこと）に申し談じればいいではないか、というのである（『堀部武庸筆記』上）。

案の定、堀部らは焦っていた。上野介が隠居するとなると、来年三月までは本所の屋敷にいるだろうが、上杉殿が参府すると、住所も分からなくなってしまう、と心配している。上野介が、実子で米沢藩主の上杉綱憲屋敷に移ることになるかもしれないと考えたのである。

そこで堀部らは、来年正月二十五日時分には江戸を発って上方に行き、亡君一周忌を期しての討ち入りを確実に行えるよう上方の同志を説得するつもりだった。

堀部にとって、上野介の代わりに左兵衛を討つ、というのは論外だった。

「家督を継いだ者へ鬱憤を散らすつもりなら、いらだつこともありません。隠居を討つことが第一だと思うからこそ、いらだっているのです。江戸でも人並みに考えている者は別でございます。一儀を止みがたく存じている者は、渡世（収入を得ること）のことは差し置いて、この一儀を第一と存じているため、さしあたって生活に苦しんでいる者もあります。長く待ったとしても、末は必ず本意を遂げることがわかっていれば、どのようになっていても厭いませんが、何を頼りに待っているかという道筋が見えなければ、互いに見苦しいことにならないうちにと、それだけを心がけています」

浪人の生活苦にあえぎながら、討ち入りだけを目標にしている者にとって、大石が明確な時期を示してくれることが必要だったのである。

堀部は、次のように大石に決意を促す。

「この度のことは、御手前様御一人の御考えで事が決まり、他の者は御下知に従うまでです。御下知に背く者は、誰であっても御除けなさり、志の者だけを誘うぐらいの決意でなければ、これほどの企てはうまくいかないでしょう。御手前様御一人が決心なされれば、御家中の過半ほども御下知に従うだろうことはわかっておりますので、御一人で大勢の志をむなしくなされることは、心外なことに存じます。たとえ志のない者でも、御手前様の志によって健《けな》げなる勇気も出てくるものを、いつも慎重すぎるようになされることは、本当に残念なことです」

とにかく、大石が決意しないことには始まらないのである。すでに藩はなくなっていたが、元筆頭家老としての大石の位置は無視できないものだった。

堀部に「名聞利欲」はあったか

急進派の堀部は、いわゆる「高田馬場の仇討ち」の助太刀で武名をあげ、堀部弥兵衛に見込まれて婿養子になった新参の家臣である。堀部が主君の敵討を主張したのは、自己の武名をあげるためだったと言われることがあるが、それはどうなのだろうか。

堀部が大石にあてた手紙の中で、敵討の動機について語った部分がある。

「御亡君が思いがけなく御不調法の遊ばされ方をし、そのため法に触れると仰せ出され、御武運に御尽き果てなさったからには、御家来の身として死を覚悟しないわけにはいきません。そういう気持ちですので、名聞利欲を考えてのことではまったくなく、ただ吉良父子に対して一度は鬱憤を散じたいと、骨の髄から念願しているだけです」

> 御亡君不慮に御不調法の遊ばされ方、それに就き御法式と仰せ出され、御武運に御尽き果て遊ばされ候上は、御家来の身として必死に存じ究《き》めまじき様は御座なく候。然る上は、名聞利欲の所毛頭これなく、只吉良父子の内に一度は鬱憤を散じ申したき念願、骨髄に存じ詰め候。

主君が武運に見放されたら、家来がその志を継いで鬱憤を晴らすのが当然で、自分の名聞利欲のためではない、としている。このように強調して書くということは、敵討が堀部自身の名聞利欲のためだと思わせる部分もあったことが窺われる。

堀部としては、そのように思われては大石も賛同しないだろうから、これはまったく自分のためではないと強調したわけである。

堀部の真意は、当初書いているように「武士の一分」のためだと思われるが、周囲を説得するためにはそれだけでは私の論理になるため、主君の鬱憤を家臣が晴らす、という忠義の論理を構築したものだと思われる。

高田郡兵衛の脱盟

堀部が吉良上野介の隠居を大石に知らせたのは、十二月二十七日付け書状である。いつものように堀部と奥田・高田の連署だが、高田の署名には「病気故判《はん》形《ぎょう》仕らず候」と書かれている。

実はこの頃、高田郡兵衛が脱盟していた。この間の事情は、『堀部武庸筆記』に詳しく書かれている。

高田郡兵衛の父方の伯父は、幕府の村越伊予守組に属する旗本で、内田《うちだ》三郎《さぶろう》右衛門《えもん》（元知）という者だった。その父貞親は、幼い頃から家康の側に仕え、慶長《けいちょう》十一年、七歳にして父正次の遺跡を継いだ。ところが同十七年、貞親の兄俊次が、許可を得ず大久保《おおくぼ》忠隣《ただちか》の領地小田原に行ったことから勘気を蒙り、松平成重に預けられることになった。そのため貞親も連座して、領地を没収された。

そのため三郎右衛門も長い間浪人の境遇にあり、元禄十三年五月二十日、ようやく赦免された。すでに六十七歳になっていた。

三郎右衛門には妻もおらず、子もなかったため、甥の郡兵衛を養子にしようと考えた。そこで、まず橋爪新八という者を仲介者に立てて打診したが、郡兵衛は「少し考えもあるので、少し返事は待ってください」と答えた。

そこで三郎右衛門は、郡兵衛の兄弥五兵衛を介して同様に打診したが、これも「拠ん所ない子細があるので、今回の相談は返事ができかねます」と答えた。すると、三郎右衛門は激怒し、弥五兵衛を詰問した。

「自分の考えだけを申し、理非の聞き分けがない。どうしたことだ。まったく心得難い。内匠頭殿に仕えていたので、考えもあるとのことか。それはまったく構わないことだ。私の養子になれば公儀へ召し出されることになるので、それは何の障りにもならないと思う」

そこで弥五兵衛は、考えもなく、郡兵衛の志を話した。すると三郎右衛門は、無茶なことを言い出した。

「もっての外の考えである。それは偏に公儀よりの御仕置に遺恨を差し含むことになる道理だ。そのような心底では一族にまで悪く、一族の難儀に及ぶことを考えないもので、不届き者である。五人以上が申し合わせることは徒党の罪にあたると仰せ出されており、今回、私の言うことに従わなければ、名跡が断絶することになる。そうなれば、私もその罪が遁れがたいことになる。後日、一族が滅亡することは確実だ。御頭《おかしら》の伊予守殿へ郡兵衛のことを申し出て、この外に近い親類はいないと申し上げ置き、郡兵衛を一番に御仕置を仰せ出されるようにしよう」

郡兵衛は、さっそくに堀部らに相談した。

堀部らは、大事の前の小事だから、とりあえず三郎右衛門が気に入るような答えをしておくよう返答した。郡兵衛も、それを了承して言った。

「三郎右衛門の心に応じた返答をした後、私の考えもある。いままで話し合い、大方一同の考えの通りになっている時期に、このような心外なことに遭ったことは、たいへん無念に思います。皆さまが本望を遂げた後、私も生き残るつもりはないので、乱心するほかはありません」

こう言って郡兵衛は、各々が来春上京するまでは、上方の同志にもこのことは話さないでほしい、と依頼した。堀部たちもこれに同意した。そのためしばらくは、三人連署の手紙に、病気のため郡兵衛は判を据えていない、と書いたのである。

4　空しく過ぎた亡君の一周忌

山科での動き

江戸に残っていた原惣右衛門と大高源五は、屋敷を購入してすぐ京に戻るつもりだったが、大高が病に落ちたため、江戸を発ったのは元禄十四年十二月二十五日になった。

十二月二十七日付けで堀部らが送った手紙によると、江戸では武林や倉橋伝助《くらはしでんすけ》（中小姓、二十石五人扶持）らと会って話をしたと書いている。この二人も、討ち入りについて確固たる考えを持っていた。また、片岡源五右衛門と田中貞四郎も堀部らと連絡を取るようになっていた。

上方にのぼっていた原と大高は、大高の病が次第に快気し、時間に余裕もあったため、伊勢神宮に立ち寄って参拝している。京に着いたのは、正月九日のことだった。

すぐに山科に大石を訪ね、江戸での首尾を報告した。

十一日には、山科の大石宅で、同志の者の寄合があった。出席者は、小山源五右衛門・進藤源四郎・岡本次郎左衛門・小野寺十内《おのでらじゅうない》と原・大高である。父長助の代理で大石宅に来た矢頭右衛門七も加わった。右衛門七は旧赤穂藩勘定方矢頭長助の嫡子で、当時まだ十六歳の青年である。

原が江戸逗留中に堀部らと相談したことを話し、浅野大学の成り行きも見ながら、必ず討ち入りを行うべきだという考えを示した。

十四日にも、瑞光院へ参詣した後、旧赤穂藩医の寺井玄渓《てらいげんけい》宅に寄り合って相談したが、なかなか一同の意思は固まらなかった。おそらく、大筋では討ち入りに賛同するが、具体的な日取りなどは決めかねたのだろう。ただし、今年の秋まで延ばすことはない、ということは決まったようである。大高は、堀部への手紙で、「何とも何ともなまにへにて、気の毒千万に存じ候」と書いている。

大高が見るところ、小山源五右衛門が「以ての外不了簡」だった。おそらく自重するよう主張したのだろう。大高は、「人心皆ケ様《かよう》の時節にて候。明日の事頼み難く候」と嘆息している。意訳すれば、「人の心はこのような時には変わるものだ。明日のことはわからない」というものだろう。

小山から威勢のいい手紙を受け取っていた堀部は、「この男は内股膏薬だったのか」と吐き捨てている。

会議では、江戸の同志たちが暴発しないよう、岡島八十右衛門《おかじまやそえもん》が江戸に遣わされることになった。岡島は、原惣右衛門の実弟である。当時、三十七歳で、赤穂藩時代は札座勘定奉行を務める二十石五人扶持の中小姓だった。藩札を引き換えている時、家老の大野九郎兵衛が札座役人の公金横領を咎めた時、決死の覚悟で大野宅に乗り込み、それが直接の引き金となって大野は赤穂を出奔《しゅっぽん》した。

しかし、原の弟とはいえ、大高が見るところ、「中々寛々《ゆるゆる》と致したる了簡」で、原や自分とはまったく違っていた。大高は、こんな付け焼き刃の者を遣わすと、敵から間者を付けられ、計画が露見しかねない、と心配している。

このためか、岡島のほか吉田忠左衛門と近松勘六《ちかまつかんろく》の二人も江戸に下ることになった。吉田は、二百石取りの物頭で加東郡代を務め、五十石の役料を得ていた。六十一歳と老齢で、同志の中では大石に次ぐ地位にあった。しかし、大高が「忠左衛門心底得と存ぜず候」と書いているように、この時点ではまだその決意の程はよくわからなかった。

近松は、二百石取りの馬廻で、三十三歳だった。こちらは、大高が話してみたところ、「いよいよ金石の仁」で頼れる者だった。

吉田忠左衛門らの江戸下向

吉田忠左衛門組の足軽だった寺坂吉《てらさかきち》右《え》衛門《もん》信行《のぶゆき》による『寺坂私記』によると、吉田は、大石の指示により、「惣名代」として江戸に下向したものだった。

二月十九日、瑞光院の亡君の墓所に参詣し、二十一日には、門出の祝儀として、原、貝賀弥左衛門、小野寺十内らが相伴して宴をはった。

二十四日、伊勢に着き、内宮において祈禱をした。その後、江戸へ向かい、各地の古戦場や名所・旧跡を見物しながら、三月五日に江戸の芝松本町の米屋忠太夫方へ着いた。

翌日、江戸の同志たちに到着を知らせた。

岡島の方は、病に落ち、なかなか江戸に下向できる状況ではなかった。そのため、その代理として、神崎与《かんざきよ》五《ご》郎《ろう》が江戸に下向することになった。

神崎は、四月二日昼過ぎに江戸に着いた（『寺坂私記』・『堀部武庸筆記』下）。

翌日には堀部らに知らされ、寄り合って相談した。またよい伝手があって、下谷《したや》辺に借宅を構え、扇子売りとなり、美作屋善兵衛と名のったという。『江赤見聞記』（巻四）によると、神崎は下谷ではなく麻布谷町に借宅している。借宅の大家は、吉良上野介の歩行《かち》の者の伯父だったので、遠い場所だったが、そこに決めたという。うまくいけば、その大家の口入れで上野介の中間《ちゅうげん》にでもなり、吉良家の内側を探ろうとしたのである。その後、本所の吉良邸の向かいへ蜜柑などの店を出し、小豆屋善兵衛と改名したという。

一方の吉田は、江戸にあって、堀部ら急進派の暴走を押さえる役目を担っていた。大石からは、江戸に行く路銀と当座の逗留費として金二十両二分と銀六匁余り、また後に在江戸中の諸事入用費用として、金五十四両三分と銀九匁余りが渡されている（『金銀請払帳』）。吉田らの生活費は、大石の軍資金で賄われていた。

四月十二日、千馬《ちば》三郎兵衛《さぶろべえ》が江戸に着いた。これも大石の指示によるもので、大石から金五両二分が渡されている（『金銀請払帳』）。

五月二十四日には、赤穂の恵林寺の僧祐海が再び江戸に着いている。これは大石が派遣したもので、伝手を頼って浅野大学の赦免と御家再興の見込みを探ろうとしたものである。祐海には、工作費も含めて金二十四両一分が渡されている（『金銀請払帳』）。

江戸の同志の動き

江戸では、堀部らが、本所の吉良邸の様子を探っていた。

吉良邸の警備はたいへん厳しいもので、屋敷内には二、三カ所落とし穴も設けられており、不寝番が三カ所あるということだった。何か異変があった時は、外桜田の上杉藩邸に注進する者が命じられていた。ただし、上杉家から番人などは付けられておらず、毎日、七百石取りの物頭役の者がご機嫌伺いに訪問していた。

江戸にいた武林唯七は、私用のため赤穂に行くことになった。この武林は、堀部以上の急進派で、討ち入りの計画が固まらないのをずいぶんと焦っていた。

一方の高田郡兵衛は、結局脱盟することになった。

堀部は高田に対し、「それでは御自分は自滅されるよりほかはありません。よくよく了簡されることが大切です」と告げた。高田も、「それは覚悟しております。伯父の心に従う姿勢をとり、乱心するよりほかはないでしょう」と答えた。しかし、高日は自害もせず、再び盟約に加わることもなかった。

堀部は、高田の行動に対し、次のような感慨を洩らしている。

「昔から伝えられていることは、朝廷の恩を捨て、敵に味方するような勇気のない者は、一時は死を免れても刑に処せられ、道を踏み外すことになると聞いているので、まさにそうなるだろう」

古来より申し伝え候は、朝恩を捨て、敵に属し勇なき者は、死をまぬがれ刑戮にあひ、道に違ふことこれありと承り伝え候は、眼前かと存じ奉り候。

主君の恩を忘れて敵に味方するような者は、当座は死をまぬがれたとしても、結局は処刑されることになるという中国の故事を思い起こしたものである。やむを得ない事情とはいえ、煮え切らない高田の態度に不審をいだいていたのだろう。

大石内蔵助の考え

原は、山科での会議の後、しばらく京の大高の家に逗留し、十六日に大坂に帰った。この会議の様子は、原にとっては失望するものだった。

そこで原は、正月二十四日付けの手紙で、上方にのぼるのはまずはしばらく見合わせた方がよいと告げ、討ち入りは早くても六、七月ぐらいまでは延期されることになるだろう、と堀部に言い送った。二月三日付けの原の手紙では、この頃の大石の考えがはっきりと示されている。それは、こういうものだった（『堀部武庸筆記』下）。

「おしなべて御閉門はだいたい三年で、許される衆は開門となる。それならあと少しのことだから、心残りのないように見届けたいと思う。もし三回忌も過ぎ、芸州公《げいしゅう》（本家の浅野綱長）なども何事もなく御帰国されれば、もはやその上見合わせる道理はない。三年待って成り行きが見えないようなら、それも見届けたことになる」

そこで原が、次のように尋ねた。

「もし木挽町《こびきちょう》（浅野大学）へ知行などを下され、出仕することになったら、先方（吉良上野介）への趣意を遂げられないことになりませんか」

すると大石は、それは違うと言い、こう答えた。

「たとえどれほどの高禄に御取り立てられても、木挽町の御面目にもなり人前もなるほどのことにならなくては、穢れた御名跡を立て置くよりは打ち潰す方が本望だと思っているので、宿意を遂げるということについては、御安否を見届けたとて少しも邪魔になる道理はないと思う」

大石が目指した御家再興は、幕府が判断の誤りを認めて吉良を処罰することなしには完結しないものだったのである。ただ浅野大学による御家再興にすぎないなら、その再興された家が潰れることも厭わず、吉良邸に討ち入りするのだということを明言したわけである。

そして大石は、「三回忌が過ぎても何の見通しも得られない時には、誰が何と言おうと、一日も討ち入りを見合わせることはない」と覚悟のほどを示した。

こうなると原も、大石には逆らいがたい。その上、上方にいる者は、みな大石と一心同体で、原が大石の意思に反して行動をとろうとしても、賛同する者はいないだろう。そうなれば、六、七人ほどで吉良邸に踏み込んだとしても、本望は遂げ難い。

大高は、このような事情を述べ、六、七人での討ち入りは「我々身はれの取り沙汰」となり、かえって心外である、待ちがたい所を待ち、恥をかきながら時節を待つのも「勇義」ではないだろうか、と堀部に告げている。

この「我々身はれの取り沙汰」を心外とする大高の気持ちは、堀部の考えと同じである。「武士の一分」を晴らすとしても、ただ死んでいくことだけなら簡単だが、それは個人的な身の潔白を示すことにしかならない。それでは「敗者」のままである。彼ら急進派にとっても、亡君の鬱憤を散らすためには吉良の首を取ること、すなわち旧赤穂藩士としての勝利が必要だったのである。

大石内蔵助の理想

それでは大石は、浅野大学のことをどのように考えていたのだろうか。この点は、二月十六日付けの大石の手紙に述べられている。

「木挽町が御開門であれば、拙者は早速に江戸に下向し、存念の趣意を申し上げ、もし我々と同じ御考えであれば本望で、その御下知に従って死にたいと思う。今、木挽町の御心底の程はわからないが、おそらく我々と同じ御考えだろう。それなら、これを捨て置いて事を起こすのは、不本意のことである」

できれば大学を大将に立て、堂々と討ち入りしたいというのが大石の本心だったようである。こうした考えのもとで大石は、まずは大学の成り行きを見届け、幕府が結局のところ面目の立たない処分を下せば、その時は心置きなく事を起こそう、と考えたのだろう。

しかしこれは、大学が兄の敵討をしたいと考えているという前提の上での話である。大石は、もし大学がそのように考えていないなら、その時は大学を捨てればいい、と言う。別に大学に対して、忠義を果たそうとしているわけではなかった。大石にとって大学は、旧赤穂藩の象徴としての意味しか持たなかった。

その意味では、大石の頭の中には実は御家再興などはなかったのである。

大石が恐れたのは、大学に何も伝えないうちに討ち入りを行えば、上杉家が黙ってはいないだろうから、大学も微塵になる。それでは亡君への忠義を尽くしたからと言って、御家の根も葉もうち枯らすことになるので、忠義とばかりは言えなくなる。大学が我々に同意しないなら、それはその時に捨てればいいので、こちらに思い残すことはなく、安心して死ねる、というのである。

こうした大石の考えは、現代の我々には理解しがたいところがある。大石は決して穏健派ではなく、急進派以上に極端な考えを持っているにもかかわらず、大学の成り行き、つまり幕府がこの事件にいかに決着を付けるかを見守っていたのである。それを見てからでないと死ねない、というのが大石の信念だった。

群れを離れての挙兵

大石の考えは、原にもあまり理解できなかった。おそらく、こうした言葉が、事を延期させるための口実のようにも思えたのだろう。そのため、大石の決意を待たず、群れを離れて急進派だけで討ち入りを敢行しようと考えるようになった。

原は、四月二日付けの堀部宛の手紙で、次のように提案した（『堀部武庸覚書』下）。

「旧冬、噂めかして御伝えしたことですが、上方の同志のグループを密かに離れ、宿意を遂げようと考えています。内蔵助殿を始めとして上方の者どもを大勢除いておけば、浅野大学様に御咎めが及ぶことはないでしょう。まったく障害はないと思います」

旧冬、噂の様に申し達し候通りに、上方申し合わせの群れをば隠密に引きはなれ、宿意を遂ぐべくと存じ候。内蔵助殿初め上方者共大勢是を除き候時は、木挽町御咎めはこれあるまじく候。障り申すまじくと存じ候。

原の心算では、十四、五人は、群れを離れて決起する見通しだった。目当てにしていたのは、上方の者では、大高源五、その実弟の小野寺幸右衛門《おのでらこうえもん》、潮田又之丞、中村勘助、岡野九十郎《おかのくじゅうろう》らで、これだけで六人になる。

江戸では、堀部・奥田が、浅草の茶屋で、武林唯七・倉橋伝助・前原伊助《まえばらいすけ》・勝田新左衛門・杉野十平次《すぎのじゅうへいじ》・不破数右衛門《ふわかずえもん》と誓約し、盃を交わしあっていた。上方の六人と江戸の八人を合わせれば、確かに十四、五人にはなった。

この手紙を受け取った堀部は、五月三日付けの手紙で、「こちらからその提案をしようと思っていたところでしたが、そちらから告げられ、本望の至りです。七月中の下向を心待ちにしています」と賛意を表した。

そして六月十二日には、原・潮田・中村勘助・大高・武林にあて、江戸に下向するよう要請している。この時の手紙で堀部は、「存じ切りたる真実の者」が十人いれば、安心して本望が遂げられるだろう、と書いている。

大石が木挽町の安否を見ようと計画を先送りしているうちに、同志の間では分裂の危機が迫っていたのである。ただし、これまでの経緯もあるので、大石には一通りは相談して、賛同を得られなければその上で離反すべきだとしている。同志を出し抜くようなことは避けたかったのである。

大石は、こうした動きを察したのか、五月二十一日付けで堀部に手紙を送り、来年三月には再び江戸に下向するので、それまでは自重してほしい、と要請している。堀部は、「もしその時が来れば、一応は御案内を申し上げるつもりだ」と冷たく答えている。

とはいえ堀部は、六月十二日付けの手紙の追伸で、「事情によっては上方にのぼり、大石らの御考えを伺ってもよい」と書き、実際すぐに思い立ち、十八日には江戸を発ち、二十九日に京都に着いた。

原惣右衛門と大高源五・潮田又之丞の温度差

原は、限りなく堀部ら江戸の急進派に近づいていったが、大高と潮田は、やはり大石の指示に従いたい、と考えていた。そのためか、上方へ下った武林と衝突した（『堀部武庸筆記』下）。

武林は、腰抜けたちとは話したくないと言い、直接用事のある赤穂に下ろうとしたが、不破数右衛門が取り成して、大高の屋敷に行った。

大高が戻ってくると、頭から腰抜け扱いし、大高に無礼な言葉を投げかけた。

「最初からその程度の志と見受けていたが、たまには威勢のいい言葉も出るので、本心から討ち入りをめざしているのかと思っていれば、思った通りにばけの皮がはがれたな」

これには大高も我慢できかねたが、どうにか平静を取り直して説得しようとした。

「さように考えるのも尤もで、言い訳するつもりはない。しかし、これまでの事情もあることで、毛頭心底が変わったわけではない。内蔵助殿には確かな覚悟があり、つまるところは来年三月と時期を限ったことだ。これまでの事情を話すので、心静かに聞いていただき、もし拙者など一同が間違っているというなら、今からでも同意し、片時も遅れず江戸へ下向し、一緒に死ぬつもりだ」

しかし武林は涙を流しながら腹を立てているので、どうしようもなかった。結局、武林とは喧嘩別れのような形となった。

中村勘助は、実家の奥州白河《しらかわ》へ妻子を連れていくため、上方を離れることになった。行きは木曽路から奥州街道に抜けて江戸へは立ち寄らず、妻子を預けた後、江戸に合流することになった。

まさに同志たちは分裂の危機にあった。しかし、大石が妻のりくと子供たちを但馬《たじま》豊岡《とよおか》のりくの実家に預けたことによって、原が再び大石に心を寄せることになる。

大石内蔵助、りくを実家に返す

堀部安兵衛の『堀部武庸筆記』は、討ち入りの年、元禄十五年（一七〇二）五月二十日付け原惣右衛門書状の写しで終わっている。この原の手紙には、大石が妻子を実家に返したことが書かれている。

「とりわけ久右殿（池田久右衛門―大石内蔵助の変名）は、妻室を息女とともに、最近、実家の但馬に差し遣わしました。嫡男の主税と二人で山科の家に住んでいます。主税は今年十五歳ですが、年齢よりは大人びています。今春、前髪をお取りになって、器量もよく、いつでも同道して下ろうと合点しているようで、志が健やかに見え珍重に存じます。身軽で今日にも江戸に駆け下ろうという様子で、この段は感心にも思い、頼もしく存ずる事であります」

それまで、どのようにして大石の決意を促すかが、堀部の最大の課題だったことを思えば、この惣右衛門の書状で安心し、ここでひとまず筆記を終えたのかもしれない。

大石の妻は、但馬豊岡藩主京極甲斐守高住《きょうごくかいのかみたかずみ》の家老石束源五兵衛《いしづかげんごべえ》の娘である。この頃、大石は、妻と子供を連れ豊岡の石束宅へ行き、義父の源五兵衛にこう告げた。

「私は存念がありますので、妻子は今日から義絶します。こちらに預け置くので、何分にもよろしきよう世話を頼みます。存念のことは申せません」

源五兵衛は、「了承しました。まずはゆっくりとお休みになってください」と言って、席を立った。

大石が勝手口の戸を閉めると、りくは詰め寄った。

「義絶とは納得できません。女であっても、君父の志を達するため、相応の働きをしようと存じており、是非一緒にどのようになってもかまわない覚悟です。どこまでも召し連れてください」

「女であっても、志を立てることができないというものではない。それはよくわかっているが、女

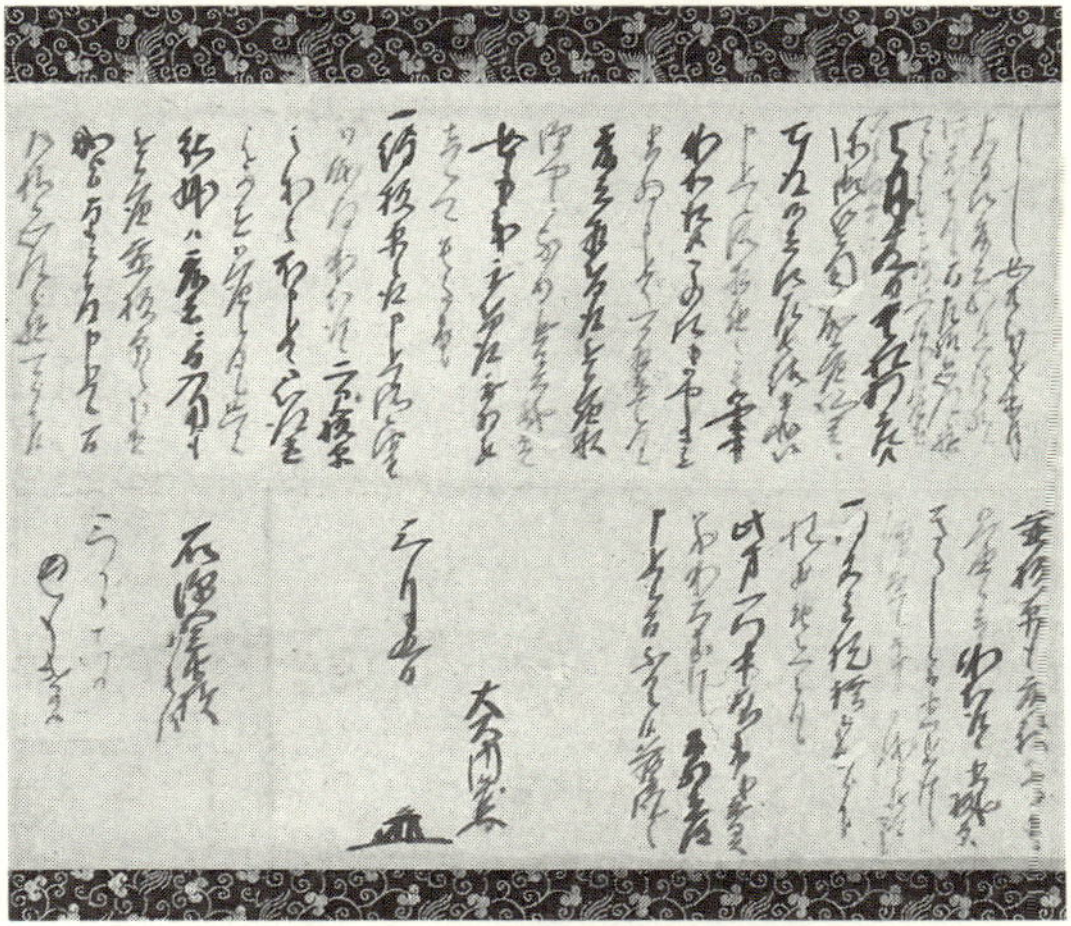

19――山科生活の状況を報告する石束宛大石手紙

人と一緒では、第一に内匠頭様のために宜しくない。弟の方は幼少であり、内匠頭様に御目見えもしていないので、召し連れるに及ばない。出家させようがどうしようが、義絶したのだからあなたの考え次第でかまわない。主税《ちから》は嫡子であり、御目見えもして相応の御恩も受けているから、一緒に召し連れる」

その時、主税はまだ元服前だった。大石は、座敷の手水で主税の髪を洗い、自身の手で前髪を落とし、元服させてやった。りくも仕方なく言った。

「こういう時は、暇乞いの盃を交わすものです。せめて盃をください」

「尤もだ。しかし、取り乱した様子を石束の家来共に見せるのもいかがと思う。同じことだから、水で盃を交わそう」

大石は、手水鉢の水を汲み、茶碗で暇乞いの盃を交わした。

そして源五兵衛にも暇乞いをし、早々に主税を連れて山科に戻った。その道々、大石は主税にこう諭した。

「もう母も弟もいないと思え。ただ、寝ても覚めても上野介殿の首を討ち取るべきと一心に念願せよ」

この大石とりくの別れは、主税が討ち入り後、預け先の松平隠岐守《おきのかみ》邸で話したことである（『江赤見聞記』巻七）。当事者によるものだけに、その場の様子が目に浮かぶようである。

大石内蔵助の遊興

大石がりくを豊岡の石東家へ戻して山科に帰ってから、有名な大石の遊興が始まる。『江赤見聞記』（巻四）には、次のように書かれている。

「内蔵助は、まったく活発な性格だったので、京都において遊山見物などのことで、あまりよくない行跡もあった。金銀なども惜しまずに浪費していた。この事を、古風な性格の進藤源四郎や小山源五右衛門などは、たいへん残念に思い、いつも意見をしていた。大事を控えた大切な身で、どのような思いがけないこともあるかもわからない。また、金銀も今後たくさん必要なはずなのに、そのような不行跡は、たいへん悔やまれることだ（というのが進藤らの考えだった）」

しかし、これには大石の深慮もあったと思われる。この内蔵助の不行跡を見て、上野介の隠し目付は、「なかなかあれでは、この方へ意趣など含んでいるということはないだろう」と京都から追々引き取ったという。

大石の遊興については、『魚躍伝』により詳しく書か

20── 撞木町の遊郭跡の石碑
大石内蔵助が敵を欺くために撞木町《しゅもくちょう》で遊興したと伝わる

れている。

「初め大石に従って志を同じくする者は百十八人いたという。江戸、京、大坂、伏見、山崎、大津、山科あたりに徘徊して事を窺っていたが、上杉家から犬（スパイ）を付けて、彼らの聊かの所為にも気を付け、注意して油断していなかった。（大石は）大学殿の身の上も良い知らせがなく、世の中が侘びしく感じられるので、すでに世を捨てた身を栄耀がましく振る舞おうと思い、折節は京・伏見の傾城に惹かれて遊宴にふけり、男色相手の少年の手枕に伏し、湯女、妾、踊り子に戯れて酔狂乱舞し、所々の祭礼行事など人の心を焦がす所であれば、ささら笠に派手な色に染めた小袖を着流し、紙子の衣装に錦の袷をかけ、大小を一本差にして、往来の者が振り返るほどに行動したので、目に触れない者もなく、大淫の腰抜けどもかな、内匠殿の金銀財宝を使い果たして今さら何の遊山事だ、世のはやり唄、歌舞音曲の糸竹をならして主人の名を貶める人非人の行跡を見ると、なかなか一命を捨て主の敵を討つべき者は一人もないだろう、家老殿からしてあの様子では、下々は思いやられる、主人が暗愚だったのも当然だと、近所の者たちの面当ての悪口を受け、乗り合い船に乗れば耳が痛いほど蔑まれ、銭湯ではなぶり者にされることがしばしばだった」

この記録は、林家門下の内野正方という者の手になるというが、この人物の詳細は明らかではない。記述を見ると同時代人のようで、他の史料と符合する信頼できる記事もある。しかし、彼は江戸の者と推測されるので、京都における大石の遊興を見る立場にはなく、上杉家から「犬」を付けていたという記述も、討ち入りの時の上杉家の対応を考えると、あまりにできすぎているように思う。

赤穂藩の分家旗本浅野左兵衛長武（三千五百石）の家臣朝原文左衛門は、元禄十五年夏、用務で伏見に行った時、山科に大石を訪ねている。その後、大石から呼び出しがあって訪ねたところ、大石は次のように言ったという（『朝原重榮覚書』）。

「ご存じの通り、左兵衛様と私は従兄弟で、これは公儀もご存じのことです。吉良殿へ鬱憤を散じた時、もし左兵衛様もご存じのことだということになれば、後日御咎めがあるかもしれません。内蔵助は、浪人になり身持ちが宜しくなく、不行跡の至り、左兵衛様の思し召しに叶わず義絶するとの御状を下さるよう、内々左兵衛様に申し上げてください。その御状は、拙者が江戸に下る際に持参します」

大石は、親類の浅野左兵衛に迷惑が及ばないよう、あらかじめ義絶してもらい、関係を断とうとしたのである。これを見れば、内蔵助の不行跡は、敵の目を欺き、同族との関係を断つ口実として使われたのであって、ただ遊興を楽しんだのではなく、それなりの目的を持った行動でもあったと評価してもよいと思う。

Ⅲ　討ち入りへの思い

21 ── 安養寺

元禄 15 年（1702）7 月 28 日，京都周辺にいた 19 人の浪士たちは，円山にある安養寺に集まり吉良邸討ち入りを決定した．いわゆる円山会議である．

1　討ち入りを決定した円山会議

浅野大学の赦免

元禄十五年（一七〇二）七月十八日、月番老中阿部正武より赤穂浅野家の分家旗本の浅野左兵衛長武へ、浅野大学長広を同道して出頭するように、との指示が来た（『寺坂信行《のぶゆき》筆記』）。『江赤見聞記』（巻四）では評定所とされているが、出頭した場所はおそらく阿部の屋敷だろう。

阿部の仰せ渡しは、次のようなものである。

「内匠頭が不調法で処罰されたが、（以前）その方を養子にしたいという願書を指し上げており、内匠頭の倅《せがれ》の立場にある者をそのままには差し置きがたい。このため、浅野安芸守（浅野綱長）方へ引っ越して暮らすようにと仰せ出された。妻子や家来共は召し連れて行くようにと仰せ出された。これは安芸守へ御預けということではないので、そのように心得るように」

内匠頭不調法に付き、その方事養子に仕りたき旨願書指し上げ置き候に就きては、内匠頭倅分に候得ば、その通りにて差し置かれ難く候。これにより、浅野安芸守方へ罷り越し居り候様にと仰せ出され候。尤も妻子・家来共召し連れ参り候様にと仰せ出され候。これは綱長へ御預けと申す儀にてはこれなく候間、さよう相心得候様に。

大学は罪人の内匠頭の倅に準ずる者だから、そのままにはしておけない。ただ、処罰としてのお預けではなく、本家の広島藩に引き取らせるという曖昧な処分だった。

広島藩主浅野綱長へも、御家来を差し越すようにと連絡が来た。綱長が明石吉太夫という者を遣わしたところ、阿部から「浅野大学の閉門を御免になり、安芸守の所へ妻子ともに引き取らせることになった。これは急度御預けということではないので、その旨心得るように」とのことだった（『江赤見聞記』巻四）。

木挽町の屋敷は召し上げとなり、伊予国今治《いまばり》藩主松平駿河守定陳《するがのかみさだのぶ》に預けられた。

七月二十九日寅刻、大学は、妻子ともに江戸を発って広島に向かった。大学の妻は、伊勢菰《こも》野藩主土方市正雄豊《ひじかたいちのかみかつとよ》の娘である。ほかに娘が一人いたが、これは雄豊の嫡子松之助の娘で、養女としたものである。

大学は、表向きは閉門の赦免、実質的には本家の広島藩に御預けとなり、屋敷も知行も失うことになったのである。

円山会議

この情報を得た吉田忠左衛門は、京都にいる実弟貝賀弥左衛門《かいがやざえもん》に、七月十八日付けで飛脚便を送った。この知らせは二十二日に貝賀のもとに着き、すぐに山科の大石に知らされた。大石のもとにも、十九日付けの便が二十四日に届いた（『波賀朝榮覚書』）。

大石は、とりあえずの返事のため、まず横川勘平を江戸に遣わした。横川は、七月二十九日に杉野十平次宅へ落着した。

そして上方では、同志たちが京・円山の安養寺《あんようじ》の塔頭重阿弥《ちょうあみ》坊《ぼう》に集まって、今後の対策を協議した。当然、江戸に下り、吉良邸討ち入りを行おうという意見が主流だった。なお、『金銀請払帳』によれば、これに集まったのは十九人で、場所代は金一両で三村《みむら》次郎左衛門《じろうざえもん》が支払を担当している。

上方の同志を説得して、分派を作ってでも討ち入りを挙行しようとしていた堀部安兵衛も上方にいたため、この寄合に参加した。その後、堀部は、八月二日には京を発ち、十日に江戸に着く。

円山会議の出席者（『忠臣蔵』第一巻）

大石内蔵助	原惣右衛門	間瀬久太夫	小野寺十内	大石主税
潮田又之丞	堀部安兵衛	大石瀬左衛門	不破数右衛門	岡野金右衛門
貝賀弥左衛門	大高源五	武林唯七	間瀬孫九郎	小野寺幸右衛門
矢頭右衛門七	三村次郎左衛門	岡本次郎左衛門	大石孫四郎	

大石内蔵助の決断

浅野大学の処分が決まった頃、同志の者は百二十人ほどもいた。

ところが、浅野大学が広島藩にお預けになり、同志の者が江戸に下る段になると、分裂が始まった。

上方では、討ち入り計画が幕府に漏れ聞こえ、江戸への道中にある関所で、浪人改めが厳しく行われている、という噂がたった。先に江戸に下った同志の中には、捕らえられた者もいるという。また、江戸の吉良邸は討ち入りに備えてきびしく警備されているということだった。

このため上方の幹部グループ、すなわち奥野将監・進藤源四郎・小山源五右衛門・河村伝兵衛らは、「大変な事態となった。今、率爾《そつじ》に江戸に下り、もし風説の通りだったら、心外な悪名を取ることになる。道中は無事に江戸に着いたとしても、こちらの風聞が江戸に聞こえず、その上、かの屋敷の用心が厳しいようでは、大方のことでは存念を達し難いと思う。この時期の風聞や用心が静まって、来春に下向するのがよいのではないか」と言い出した。

討ち入りを心に秘めているとはいえ、赤穂の浪人は別に罪を犯しているわけではない。三々五々、江戸に下向したとしても、幕府に捕らえられる筋合いではない。しかし、同志たちにしてみれば、それだけ幕府の重圧を感じたのだろう。『江赤見聞記』(巻四)によると、このため大石も一旦は奥野らの考えに同意して延引しようとし、江戸の同志に相談を持ちかけた。

潮田又之丞と近松勘六の働き

この使者に立ったのが潮田又之丞で、八月十二日に江戸に着いた。江戸の同志は、浅草で遊山船二艘を用意し、終日相談した(『寺坂信行筆記』)。当然のことながら、奥野らの考えは論外だということになった。

「道中も、今までは何事もなく一味の者が少しは到着している。また、敵方の用心が厳しいとしても、討ち死にさえすればそれで済む話である。これはあまりに延々の詮議だ」

実際、若い者たちは、上方の幹部グループの慎重論に立腹していた。それも当然である。大石は、浅野大学の処分を見るまで、と言っていたではないか。

十七日、潮田は、相談の報告のため、上方に向かった。一人ではどうかということで、近松勘六が同道することになった。

吉田忠左衛門は、堀部弥兵衛らと連名で、大石に手紙を送っている。

「仰せ下された趣は、御尤もと存じます。しかし、私どもは老人ですので、来春まで生きているかどうかわかりません。もし、この度御下りなされないのでしたら、御一左右（命令）次第に一分の存念を達しましょう」

大石が指示すれば、自分たちだけで討ち入るというのである。これは、下手をすると江戸の同志の暴発となる。もともと大石は、大学の処分を見るまでと言い続けてきたのだから、もう計画を延期する理由はない。もう一度江戸に下り、大学殿が人前に勤められるよう嘆願しようという奥野将監らの制止を聞かず、江戸下向を決断した。

奥野将監と河村伝兵衛は、「我々の意見に同心できないのであれば、我々もその方の存じ寄りに同心できない」と言い捨て、その場を退出した。

大石は、「このように頭立ちたる者が脱盟するのは、たいへん残念だ」と感慨を漏らした。その場にいた者が「人数が二十人もいれば本望を遂げることができるでしょう」と取りなすと、大石が言った（『波賀朝榮覚書』）。

「そのようなことではない。事が終わって連判に頭立ちたる者がなければ、内匠頭殿が家来によく思われず、頭立ちたる者が少ないと、世間に評判されることが残念なのだ」

大石は、家老として、藩と亡君の評判をいつも考えていたのである。

上級藩士グループの離脱

進藤源四郎は、閏八月八日付けで大石に次の「口上之覚」を提出している（『赤江見聞記』巻五）。

「私は、考えがあり御手を離れますので、そのように御心得なさってください。親類の私は、特に御懇意にしていただいていたのに、このように考えの違いが生じたのは言い様のないことですが、今回の御決意は、どうしても私の心底に落ちないので、このように致します」

私儀、存じ寄り御座候に付き、御手を離れ申し候間、左様御心得なされ下さるべく候。御身寄りの私儀、殊に御懇意に預かり候処、かくの如く存じ寄り候儀、是非なく存じ候得ども、この度の思召し立ち、畢竟《ひっきょう》心底に落ち申さず候故、かくの如くに御座候。

同様に小山源五左衛門も、閏八月十日付けで脱盟の口上を提出した。

進藤と小山は、大石と縁戚であるため、すぐには脱盟の意思を表明せず、執拗に大石を思い留まらせようとしていたと見られる。しかし、結局は閏八月になって、こうした口上書を提出して脱盟していったのである。

これに対して大石は、寺井玄渓に手紙を託して説得に向かわせ、なんとか思い留まらせようとも努力している。

しかし、進藤は二十二日付けで、小山は二十五日付けで、最終的に大石の慰留工作を断る手紙を送っている（渡辺、前掲書）。ともに、「通常のことなら御念を入れて仰せ下されたことだから仰せに任せるべきだが、外の儀とは品の違うことだから」と弁解し、あくまで自分の心底に落ちないので離脱する、との返事であった。

こうして、旧上級藩士グループは、江戸に逗留していた吉田忠左衛門と急進派に近い原惣右衛門を除いてすべて離脱することになった。

大高源五と貝賀弥左衛門による神文返し

大石は、江戸下向にあたって、意思堅固な者だけを連れていくことにした。そこで上方各地に居住する同志たちに対し、赤穂城を離れる時に提出させた神文（起請文《きしようもん》）への連判をそれぞれに返却することによって、討ち入りの意思が確かなものかどうかを確認した。神文を提出したのは、赤穂を離れるにあたって四十八人とその嫡子十六人の六十四人、その後山科の大石宅を訪れて盟約に加わった者五十人の計百十四人であった（『堀部武庸筆記』下）。

使者として遣わされたのは、大高源五と貝賀弥左衛門である。大高は、これまでも大石の腹心として動いていた。貝賀弥左衛門はすでに述べたように吉田忠左衛門の実弟で五十四歳、ともに中小姓の身分である。

八月二十三日、大石は、大高・貝賀に次のように書き送った。

「判（花押を据えた神文）を返す意味を尋ねてきたならば、次のように返答しなさい。詳しくは存じませんが、第一に世間でいろいろと噂されており、連判の者が大勢いることを御科《おとが》にされるような模様であると聞いたので、お考えがあるのでしょう。拙者はどのようになったとしても、これまでのことだと思っています。できるだけ皆が堅固で、かねての所存を遂されるようにしたい気持ちがあります。（大石殿は）この頃の風説を気になさって、まずは計画を止めるほかはないと思われ、その旨を話されましたが、これも詳しくはわかりません。この上は、我々の一分の了簡（独断）で江戸に下り、在府して時節を見るか、実際に行動に出るかは、その時の判断次第にします」

大石は、自分が腰抜けになった風をよそおい、それを幸いと判を受け取った者はそのままとし、「もう頼りにはしない」と腹を立てた者には江戸下向の計画を話させ、同志の選別を行ったのである。

ちなみに、この説明は、『松平隠岐守殿江御預け一件』に書き留められている貝賀弥左衛門の述懐とは少し異なっている。そちらでは、「大学殿の安否を窺っていましたが、芸州へ御引き取りになるのでは仕方がありません。この上は、かねての考えを止め、妻子養育の渡世にかかることにします。

皆さまも、勝手次第にしてください。これにより、かねて受け取っていた誓紙の血判を、弥左衛門と源五に返させます」となっている。しかし、大石が要請したのは、もう少し複雑な言い方だった。大高と貝賀が同志を廻り、そのように話したところ、多くは、「御尤も至極」とか「幸い」と言って大喜びだった（『寺坂信行筆記』）。ようやく討ち入りの重圧からのがれられるという安堵の気持ちが強かったのだろう。これによって、六十余人もの同志が脱盟していった。

勝者と敗者の分水嶺

赤穂の浪人たちにとって、ここが勝者と敗者の分水嶺《ぶんすいれい》となった。

進藤や小山の考えは、次のようなものだったとされる（『江赤見聞記』巻四）。

「江戸の者たちの行き方は、死ぬことばかりを急いでいる。世間の風聞ばかりに拘泥し、大切な忠節を知らないと見える。大学様の処分後まもなく、大勢の者が江戸に下れば、いかに広い江戸とは言っても、長い道中では露見するだろう。そうなれば、大切な相手を討ち漏らすことは必定《ひつじょう》である。何分にも上方の者は、今の興奮をひと冷ましした上で、追々下向するのがよいと申し合わせ、内蔵助と同心しなかった。今度下った者どもは、内蔵助を始め、これまでの行跡ではたぶん事を仕損じて、御家の名まで下そうと我意を立てている。そのため、一味の者どもがもめて、内蔵助が上方を発足する時になって、手を離れた者が六十余人もあった。この者どもは臆病というのでもなく、万一内蔵助が仕損じた時の二度目だと考えていたのである」

江戸者のいきかた死を致す事ばかり急ぎ申し候事、世上の風聞ばかりにかかはり大切の忠節を存ぜずと相見へ候。大学様御仕合せ已後間もこれ無く、大切のもの入れ込み申し候はば、いかに広き江戸にても道中終《すがら》その外知れ申さざる事これ有るまじく候。左候えば、専一の相手を打ちもらし候事必定に候。何分にも此方の者共は、此節のほめきを一トさましさまし候上にて追々罷り下り然るべくと申し合わせ、内蔵助と同心仕らず。今度下り候もの共は、内蔵助始、前々の行跡にては大方事を仕損じ候て、御家の名迄下し申すべくと我意をたて居り申し候。然る間、一味のもの共もめ合い候て、内蔵助上方発足仕り候節に成り候て手を離れ申し候もの六拾余人これ有り候。この者共残らず臆病にてもこれ無く、万一内蔵助仕損じ申すべく候。左候へば二ト目と存じ候也。

「世間の風聞ばかりに拘泥し」というのは、武士の一分を守ろうとする急進派の心情が私の論で、浅野家への忠節ではない、と批判したものである。進藤らにしてみれば、急進派は赤穂浪人の討ち入りを期待する世間の声に流されているのである。

これは一理あるようにも思える。現実問題としても、今、興奮状態の中で浮かれたように江戸に下れば、警戒する相手から返り討ちになることもありえただろう。しかし、だからと言って、計画を延び延びにしていれば、そのうち計画そのものをやり遂げようという気持ちも萎えてくるものである。

ここで自重論を唱えた進藤や小山らの幹部グループは、それまでも今ひとつ煮え切らない態度をとっていた。道中が不安だ、敵の警備が厳しいなどと言っていては、いつまでも踏み切れないものである。

こうした状況を、『江赤見聞記』の著者は、次のように評している。「武運に尽きたというのか、勇気がたるみ臆病な心が頭をもたげ、将監や源四郎などの主張をいいことに、(それを口実にして)脱盟する者が大勢いたので、このため同志の者たちがもめたのである」

武運に尽きたるか、勇気たるみ臆心出来仕り候て、将監・源四郎など申し分よき事に仕、退き候者数多これ有る故、これより一味の内もめ合い申し候也。

進藤や小山が大石のせいにしている六十余名の脱盟という事態は、退く口実を与えた進藤や小山の言い分にあった。そしてそれは、当時の武士社会においては「武運に尽きた」という評価が最もふさわしいものだった。

すでに一度敗者となった赤穂の浪人にとって、ここが再び勝者となるか、敗者のままで終わるかの分水嶺だった。危険を厭わず、大石に従って江戸に下った者たちは、勝者の道を歩み始めるのである。

2　赤穂浪人たちの江戸下向

江戸下向の時期

閏八月頃から、赤穂浪人たちの江戸下向が始まる。まず、『義士江戸宿所并到着附』から、到着の日付と氏名を列挙しておこう。

閏八月二十七日　岡野金右衛門・武林唯七
九　月　二　日　間瀬孫九郎・不破数右衛門・吉田沢右衛門《さわえもん》
九　月　七　日　中田利平次《なかたりへいじ》・間十次郎《はざまじゅうじろう》・矢頭右衛門七・千馬三郎兵衛
十　月　四　日　大石主税・間瀬久太夫・大石瀬左衛門・茅野和助《かやのわすけ》・瀬尾孫左衛門《せおまござえもん》・矢野伊助
十　月　十　八　日　原惣右衛門・岡島八十右衛門・中村清右衛門・間喜兵衛《きへえ》・大高源五・貝賀弥左衛門・小野寺十内・鈴田《すずた》十八（重八郎《じゅうはちろう》）
十月二十四日　大石内蔵助・潮田又之丞・近松勘六・三村次郎左衛門・早水藤左衛門・菅谷半之丞・木村岡右衛門《きむらおかえもん》・中村勘助・小野寺幸右衛門

この記載は、『寺坂信行筆記』と微妙に齟齬するところがあるが、たいした違いではない。三人から六人ぐらいの集団で、順次江戸に下向してきたようである。

最初に江戸に下向した岡野金右衛門は、父金右衛門包住が志半ばで死去したため、その遺志を継いで討ち入りに参加した。まだ二十四歳の若者である。おそらく武林に頼って、一緒に江戸に下向したのだろう。

武林は糀町《こうじまち》の吉田忠左衛門の借宅に落ち着き、岡野は本所の堀部安兵衛宅へ着いた。

九月朔日に到着した間瀬孫九郎は大目付間瀬久太夫（六十三歳）の子で、まだ二十三歳。吉田沢右衛門は、吉田忠左衛門の子で二十九歳である。彼らも、不破数右衛門を頼って、一緒に下向したものと思われる。

九月七日に到着した間十次郎は間喜兵衛の長男で二十六歳、矢頭右衛門七は、勘定方を勤めた矢頭長助の子である。長助が志半ばで死去したため、まだ十八歳の若さであるにもかかわらず、亡父の遺志を継いだ。

十月四日には、大石内蔵助の嫡子大石主税が江戸に着いている。間瀬久太夫と親戚の大石瀬左衛門が、彼を守る形で下向した。瀬尾孫左衛門と矢野伊助は大石内蔵助の家臣で、これも主税の付き添いである。ちなみにこの二人は、討ち入りに参加していない。

主税の江戸下向は、大石が江戸一味の者へ「人質」として嫡子を先発させたもの、とされている（『波賀朝榮覚書』）。

十月十八日には、九人もの者が江戸に着いているが、『江赤見聞記』（巻四）によると、原らが江戸に着いたのは十七日、小野寺十内は十九日である。九人という大勢で道中を一緒にしたものではないだろう。

原惣右衛門と岡島八十右衛門は実の兄弟である。ちなみに、大石内蔵助とともに江戸に下向した小野寺幸右衛門は、大高源五の弟で小野寺十内の養子となっている。

彼らの江戸下向は、それぞれ血縁関係にある者や比較的親しい関係にある者同士で連れだって行ったものと思われる。

大石は、十月七日に京を発ち、途中箱根神社で敵討成就を祈願し、二十二日、鎌倉に着いた。

大石内蔵助の江戸下向

二十一日未明、江戸の吉田忠左衛門は、富森助右衛門《とみのもりすけえもん》・中村勘助・瀬尾孫左衛門を同道して、川崎宿の脇宿平間村《ひらまむら》に行った。ここには、富森助右衛門の屋敷があり、大石の宿所とすることになっていた。

大石は、すぐには江戸に入らず、鎌倉に四日逗留した。そして二十五日に鎌倉を出て川崎宿に泊まり、翌日、平間村に着いた。

平間村での訓令

大石は、平間村で、討ち入りまでの心得を訓令している。長文となるが、以下現代語訳で紹介していこう。

一、拙者の宿所は平間村としたので、ここから同志の衆中へ諸事を申し談ずる。

一、討ち入りの時、衣類は黒い小袖を用いる。帯の結び目は右の脇とせよ。下帯は前さがりがはずれないようにせよ。もも引き、脚絆《きゃはん》、わらじを用いる事。

付けたり、相印、合い言葉は、追って相談する。

22——箱根神社

一、すべて面々の用いる武器は、勝手次第と考えている。鎗・半弓など使いたい者は、申し出よ。相談して支度を命じる。

一、同志がいずれも滞りなく到着した上は、諸事油断なく、指示次第に駆け付けるつもりで、必要な武具は取り集めておき、急な場合の手筈を合わせるよう朝夕心がけよ。もちろん無用な他言は止め、一家親類の間の連絡も無用とする。

一、同志一同に本意を達そうとかたく申し合わせた上は、もし道路で相手に行き会って勝負できる時があっても、一人の仇ではないので、単独で本意を遂げてはならない。

一、同志の衆議が一決しても、相手がいるかどうかを確かに聞かない内は、猥《みだ》りに討ち入り難いことだから、事情により数日見合わせなければならないこともあるので、みな飢えに及ぶ覚悟でなければならず、衣食遊興に無駄遣いをしないよう心がけるのが大切である。血気の勇に任せ、相手を討てるかどうかも構わず、屋敷へ切り込むことばかりを本望とするようなことは、ゆめゆめあってはならない。

一、同志が寄り合った時の雑談、朝暮れの言行は、慎むことが大切である。この段をおろそかにすれば、先方へ聞こえることもあるので、かたく慎むようにせよ。

一、志の相手は上野介と左兵衛だからと、同志がみな右の両人に目を付け、他を構わなければ、本人が他の者に紛れて討ちもらすこともあるので、討ち入ったならば、男女の別なく、一人も洩れないように心がけることが大切である。屋敷の中の手配をよく定め、表門・裏門・新門の三カ所をかたく守り、その他にも内から乗り越えて逃げられる場所を考え、内外の人数の配置を申し合わせよ。

一、相手の雑兵は百人余もいるだろうが、同志の衆中も五十余人いる。殊に必死の覚悟であれば、相手が二、三人、こちらが一人で勝負しても、勝利を得ることができるだろうと心安く思っている。

一、同志の衆中一同に、今度また改めて神文にて、いよいよ腹蔵なくかたく申し合わせようと存じている。近日、文言を調え、申し談ずる。

右の趣、さしあたり考えついたことを書き付け、御目にかける。もし考えがあれば、遠慮なくすべて知らせてほしい。その上で再考し、追々また知らせる。以上。

この時点で最も注意しなければならないことは、計画が吉良方に洩れることだっただろう。いよいよ討ち入りということで、同志たちは高揚し、どこで計画を声高に話すかわからない。大石は、これについて特に自重を促している。

また、家族や親類などへの連絡も控えるように指示しているが、これもおおむね守られている。彼らが家族に出した手紙のうち、討ち入り直前のものが最も多い。いよいよ討ち入りという時、彼らは最後の言葉を残したのである。

3　討ち入りを前にしての思い

我が身にかまわず残される者を思う

赤穂の同志たちは、上方に残した家族や知り合いに、それぞれに手紙を書いて心境を率直に語っている。本節では、その手紙の中心的な部分を、書き下し文と現代語訳で紹介していきたい。

それぞれの手紙に共通するのは、すでに死を覚悟していること、自分の運命は達観しているものの、残された者の悲しみを考えるとそれに心を乱されてしまうことである。

彼らの手紙には、まったく私心がない。主君の鬱憤を散ずるため、武士の道を立てるため、先祖の名字を疵つけないため、子供たちに模範を示すため、などさまざまな動機が語られているが、一言で言えば、自己犠牲の精神が彼らをこの場に駆り立てたのだと言うことができる。現代的な見方からすれば、吉良邸討ち入りは逆恨みの理不尽な行動とも考えられるが、彼らにとっては、武士として行わなければならない義務だったのである。

彼らは、自らの行動が罪に問われることがわかっていた。もし首尾よく吉良上野介の首を取ったとしても、幕府から切腹なり斬罪なりに処せられることを覚悟の上で行動したのである。その意味では、敗者になることを定められた者たちの心情がよく表れた文章である。原文の雰囲気も是非味わっていただきたいので、あえて引用部分の書き下し文も付した。順序は、日付順である。

閏八月十一日付

閏八月十一日、江戸に出立した武林唯七は、実弟渡辺半右衛門《はんえもん》に手紙を残している。

け武林唯七書状

父渡辺平右衛門の病が重いことから、見舞いに下りたいと思っていたが、大石から用事を申し付けられたので、今日十一日に出足する、と述べている。上方の同志の中では一番の急進派だった武林だが、後に残す母親のことを何より気にかけている。

「母上が御病人であり、あとのことがどのようになるかと、これだけが死後の障りと存じています。（中略）拙者の願いでは、お前はいまだ御奉公もしていないので、今度のことは留まり、父上が死去なされれば、母上は御一人になりますので、丹右衛門方へ預け、諸道具などを売り払いそのお金を渡してください。（中略）兄弟のうちに一人は孝のために残し、始末を見届けるのがよいと存じます。それが本意でないなら、心残りのないように成し置いて、御切腹なされるのであれば、同志と同じだと存じます。私が残って看病を勤めたいとは思いますが、私は少年の時分から御奉公している者ですから、御重恩の者というべき者です。この段もとくと了簡なさってください。平右衛門様が御死去なさり、母上一人を捨て置いて兄弟ともに忠死したとしたら、世間の忠義は立ちますが、不孝者ともなります。せめて母上が御病気でなければいいのですが、明日をも知れぬ御老人を見捨てたのでは、世間の噂は不孝者だということになるでしょう。もし御本復になるのでしたらかまいませんが、そうでなければ、是非とも思い留まることが、道に叶うと存じます」

母人様御病人と申し、跡の儀如何なり候哉と、是のみ死後のさわりと存じ候。（中略）拙者願いには、貴様御事は未だ御奉公もなされざる事に候間、今度の儀御留りなされ候て、平右衛門様御死去なされ候はば、母人様御一人の事に候間、丹右衛門方へ御預け、諸道具等御売り払い残らず金御つけ然るべく、（中略）兄弟の内、一人は孝のために残し、始末見届けの義、宜しく存じ奉り候。それとも御心に叶ひ申さず候はば、御心に懸りの儀これなき様に成し置かれ、御切腹なされ候はば、御同志同前と存じ奉り候。私残り候て看病相勤め申したく存じ候得ども、私儀は少年の時分より御奉公仕り候者に御座候へば、御重恩と申す者に御座候。この段もとくと御了簡なされ、平右衛門様御死去なさるとも、母人様一人捨て置き、兄弟ともに忠死仕り候ても、世間の忠義は相立ち候へども、不孝者と申す所御座候得ば、せめて母人様御病気にこれなく候へば苦しからず候得ども、明日をもしれぬ御老人を見捨て候ては、世間の沙汰是非不孝に落ち合い、もし御本復に至り候得ば論もこれなく候得ども、左なくも候ては、是非〳〵思し召し留められ候段、道叶ひ候様、憚りながら存じ奉る。

父の平右衛門が本復なりがたい病で、母も病であることから、弟にはぜひ残って、母の看病をしてほしい、と頼んでいる。老齢の母を一人残して兄弟ともに討ち入りに参加するのでは、「世間の忠義」は立っても不孝者となる、という一節が興味深い。兄弟合わせて、忠と孝の道をなんとか立てようとしているのである。
大石に従って討ち入りを少し延ばそうとする大高源五を罵倒し、涙を流すほど激情家の武林だったが、母親への孝の道だけは心残りだったようである。
しかし、尚々書に書かれた次の一節は、いかにも武林らしいと思う。
「丹右衛門方へ母を御預け、どのようにでも御心掛かりがないようにするなら、拙者の死を聞いた上で、御切腹をしてもよいかと存じます。もし死後、公儀より御咎めがあったなら、その時は母人様をも刺し殺すのがよいと存じます。よくよく御了簡なさってください」

丹右衛門方へ御預け、又は如何様とも御心懸りなき様になされ、拙者ども死を御聞きなされ候上、御切腹然るべく存じ候。もし死後、公儀より御咎め御座候はば、その時母人様をも御さしころしなされ然るべく存じ奉り、よく〳〵御了簡遊ばされ候。

討ち入りに参加できない弟を思い、その本懐を遂げる道を示し、また幕府からの咎めがあった時は、母を刺し殺すよう頼んでいるのである。

九月五日付け大高源五書状

大高源五も、武林と並んで上方の急進派の一人である。彼は、江戸に下るにあたって、母に手紙を残している。九月五日付けのこの書中には、討ち入りに参加するにあたっての考えがよく示されている。

「私が今度江戸に下る存念は、かねてお話ししているように、一筋に殿様の御憤りを散じたてまつり、御家の御恥辱をすすぎたいと思ってのことです。これは、侍の道をも立て、忠のために命を捨て、先祖の名をも顕すことにもなります。もちろん大勢の御家来がおりますので、御厚恩の侍はたくさんおり、私はさして御懇意にもしていただかず、人並みに召し仕われていました。そのため、生きながらえて、そもじ様が御存命の間は御養いしても世の謗りはない私ですが、なまじ御側近き御奉公を勤め、御尊顔を拝した朝夕のことは、今もって片時も忘れることができません。誠に大切な御身を御捨てになり、忘れがたい御家をも捨て、御鬱憤を遂げようと思い詰め、相手を御討ち損じ、その上浅ましい御生害を遂げられたことは、御運の御尽きなさったこととは申しながら、無念至極、その時の御心の様子を推し量ったならば、骨髄に染みて、一日片時も平穏な心ではいられません」

私事、今度江戸へくだり申し候ぞんねん、かねても御ものがたり申し上げ候とをり、一すじに、との様御いきどをりをさんじたてまつり、御家の御ちじょくをもすゝぎ申したく一筋にて御ざ候。かつは侍の道をもたて、忠のため命をすて、せんぞの名をもあらはし申すにて御座候。もちろん大勢の御家来にて御座候へば、いかほどか〳〵御厚おんの侍も御座候ところ、さしての御こん意にもあそばし下されず、人なみの私儀にて御座候へば、此節、たいていに忠をもぞんじ、ながらへ候て、そもじ様御ぞん命のあいだは御やういく仕り罷り有り候ても、世のそしり有るまじきわれらにて御座候へども、なまじいに御そばちかき御奉公相つとめ、御尊がんはいし奉りしあさ暮の儀、今もってかたときわすれたてまつらず候。誠に大切なる御身をすてさせられ、わすれがたき御家をも思し召しはなたれ候て、おうっぷんとげられ候はんと思し召しつめられ候相手を御うちそんじ、あまつさへあさましき御しょ(生害)うがひとげられ候段、御うんのつきられ候とは申しながら、無念至極、おそれながらその時の御心てい、おしはかり奉り候へば、こつずいにとをり候て、一日かたときもやすきこころ御座なく候。

二十石五人扶持の中小姓にすぎない大高は、さして懇意にも召し仕われない人並みの家臣だった。しかし、御膳番《ごぜんばん》などを勤めていたため、朝夕、内匠頭の尊顔を拝する機会があり、内匠頭の無念を自分のものとしていた。

つまり大高は、下級家臣だからこそ、わずかな主君との交流に大きな意味を見出していたのである。武士の道を立てるために討ち入りに参加すると述べている者が多い中で、この大高の心情は珍しく、注目される。

大高の母親は、彼の決意を聞いた時、大高を励まして送り出した。それについて大高は、心底からの感謝を表明している。

「世の普通の女のように、かれこれと御嘆きの色を見せ、取り乱したならば、どれほど心が痛み、後ろ髪を引かれるような思いになったでしょうが、さすがに常々覚悟なさっているだけあって、思いを裁ち切り、かえって健気な御勧めにも預かったことは、さてさて今生の幸せ、未来の喜びで、これに優ることがあるでしょうか。あっぱれ我々兄弟は、侍の冥利に叶った者だと、本当に本望に存じます。討ち入りの首尾は、ご安心ください。私三十一、（小野寺）幸右衛門二十七、（岡野）九十郎二十三、いずれも屈強の者どもでございます。たやすく本望をとげ、亡君の御心をお静めいたし（後略）」

世の常の女のごとく、かれ是と御なげきの色も見へさせられ、おろかにおはしまし候はば、いかばかりきのどくにて、心もひかされ候はんを、さすがつね〳〵の御覚悟ほど御ざなされ候て、思し召し切り、かへりてけなげなる御すすめにもあづかり候御事、さて〳〵今生の仕合せ、未来のよろこび、何事かこれに過ぎ申し候はんや、あっぱれわれ〳〵兄弟は、侍のめうりにかなひ申したる儀と、浅からぬ本望にぞんじ奉り候。さきにての首尾の程、御こころにかけさせられまじく候。私三十一、幸右衛門二十七、九十郎二十三、いづれもくっきょうのものどもにて候。たやすく本望をとげ、ぼうくんの御心をやすめ奉り（後略）

大高の母は、歎きの色を顕すことなく、心を奮って旅立つ源五らを励まして送り出したのである。当時の武士の母というものは、そういうものであったが、その心情はいかばかりだったかと思いやられる。

十月七日付け早水藤左衛門書状

早水藤左衛門は、内匠頭が刃傷事件を起こした時、最初の使者となって国元に急行した百五十石の馬廻である。江戸詰めの家臣ではなく、元禄十三年、初めて藩主の江戸参勤に御供して江戸に下っていた。

彼は、備前国西大寺村《さいだいじむら》の郷士山口平入の子で、赤穂藩士の早水四郎兵衛の娘婿になった。十月七日、江戸に立つ前、兄の山口弥右衛門に手紙を送っている。

「誠に老父の嘆きをも顧みず、忠義の恩を深くすることは、孝の道に欠けたように見えますが、若齢の頃から父の考えで武を守ってきたので、その教誡《きょうかい》に従って今日の道を尽くさなければ、天地の間に何を志とすることができるでしょうか。今、この道を失って老父の御考えに従ったとしても、以後、何を頼りに世に立っていくというのでしょうか。この段をよく理解していただき、了簡してください」

誠に老父の嘆きをも顧みず、忠義の恩を深く致し候段、孝の道にかけたるに似候へども、弱齢の比より父の存念を以て、武を相守り罷り有り候上は、その教誡に任せ、今日の道を尽くさざれば、天地の間におゐて何を以て志とも申すべき哉。今又此の道を失ひ、思し召しに随ひ候とも、此の後の行《てだて》、何を以て世にも立ち申すべき哉。この段よく思し召し分けられ、御了簡なさるべく候。

彼もまた、忠と孝との板挟みに苦しんだ一人であった。父親は、代々赤穂藩に仕えた者ではないから、藤左衛門が一味に加わることを嘆くこともあったのだろう。しかし、同様に使者となって赤穂に下った萱野三平は、父から仕官を持ちかけられ、計画を話すこともできず、自害している。この仲間のことを考えれば、自分が離脱するわけにはいかない、と思ったはずである。彼の場合は、武士の道を立てる、ということが動機のすべてだっただろう。

中村勘助は、討ち入り後の幕府の処置を気にしている。十月十一日付けの書状には、次のように書いている。

十月十一日付け中村勘助書状

「もし我等が存念を達したならば、定めて御公儀の御沙汰があるでしょう。そうなれば、男子は罪を遁《のが》れ難いことは、かねて覚悟の上です。倅忠三郎は、どこまでも召し連れるべきですが、若年であり、殊に性質も愚かなので覚束《おぼつか》なく思い、残し置きました。幕府の処分に任せることはもちろんですが、時が来た時に見苦しくないよう、ご指導を御願いします。次男勘次郎は、幼くはありますが男子なので、これも遁れ難いと存じます。妻女は、かねて出家することを望んでおります。その時の事情次第だと思います。女は、たいした御仕置はないでしょう。いよいよ恥が及ばないよう、一族の者が助けてやってください。京都にいる娘のことは、夫が不覚悟の者で、おそらく恥の及ぶことが目に見えるようです。何分にも相談を御頼みします」

もし我等存念相達し候はば、定て御公儀御沙汰これ有るべく候。然らば男子は逃るべからざる処、兼て覚悟の前にて候。倅忠三郎儀、何方迄も召し連れ申すべき儀に候へども、若年、殊に性魯に付き、覚束なく存じ候に付き、残し置き候。上の御所置次第勿論たるべく候。時に至り見苦しくこれなき様、御支配頼み存じ候。次男勘次郎は、幼稚と雖も男子の事に候得ば、是又逃れ難き儀と存じ候。然らば妻女兼て出家致させ候旨望み申す事に候。その時の了簡次第と存じ候。偖《さて》女子は、さしたる御仕置有るまじく候や。いよいよ以て恥及ばざる様、一類中扶助下さるべく候。京都に罷り在る娘の義は、夫不覚悟者にて候。定て恥に及ぶべき義眼前に存じ候。何分にも御相談頼み候。

事を起こした後は、男子に対しては厳しい処罰が下ることを予想している。これは誰もが考えていたことで、成人した男子なら連れていけばよかったが、幼い子を残す父親は、ひとしお辛い思いがあっただろう。

十月十六日付け神崎与五郎書状

神崎与五郎は、すでに四月二日に江戸に出てきており、吉良邸の向かいに店を出し、様子を探っていた。彼は、妻からの手紙に返事を書いている。

「まずは母上をはじめ、そなたも無事に御暮らしのことを聞き、めでたく思います。こちらは、私も無事に暮らしておりますので、御気遣いはありません。今年は私のことを心配して、胸がつかえるとのこと、それだけが不憫に思います。私の事を忘れる暇もないとのこと、さぞそうであろうと推測いたします。私と思って、母上へよくよく尽くしてください。侍の妻が、そのようではよくないので、よくよく気を取り直してください。私もそなたが恋しいけれども、これは人たるものの勤めなのです。母上などがいろいろと申されても、そなたが心弱ければよくないので、よくよく分別してください。（中略）六右衛門殿が御申しになったように、なるようにしかならぬものです。くれぐれもそのように考えて、そなたが思い悩まないようにしてください。どれほど私の事を案じても、仕方のないことです。そなたの胸のつかえが増したことを聞いて、本当に心配しています」

まつ〳〵かもじどのはじめ、そもじどの、ぶじ御くらし候て、めでたくぞんじまいらせ候。此かた、わがみぶじにくらし候まま、御きづかいなされまじく候。ことしはわれら事御あんじ候て、つかへもふとり申すよし、さて〳〵これのみきのどくにぞんじまいらせ候。われら事わすれ申さるるまなきよし、さぞ〳〵さ候はんと、すもじいたしまいらせ候。われらとおもはれ候て、かもじへよく〳〵あいらしくいたされ下されべく候。さむらいのつまたるものの、さやうなるはあしく候まま、よく〳〵心にて心をとりなをし候べく候。われらとても、そのかたこひしく候ても、これは人たるもののつとめにて候。かもじなどいろ〳〵と申され候ても、そもじどの心よはく候てはあしく候まま、よく〳〵ふんべつあるべく候。(中略) 六へもんどの御申しのごとく、なるやうにほかならぬものにて候。くれ〴〵さやうに御心へ候て、そもじどのわづらひ申されぬやうにいたされ候べく候。何ほどわれら事御あんじ候ても、せんなく候。そもじどのつかへふとり候よし御申しこし候て、さて〳〵きづかいにぞんじまいらせ候。

上方にいる妻は、姑とともに暮らしていたが、夫に対し、「あなたのことを一時も忘れることがなく、心配で胸がつかえてなりません」と言い送った。これに対し神崎は、それは武士の妻としてふさわしくないと叱りながら、「自分もそなたが恋しい」と書いている。そうした夫婦の情愛が籠もった手紙である。

神崎とて、母や妻との平穏な暮らしが欲しかっただろう。しかし、吉良邸討ち入りは、「人たるものつとめ」だった。この場合の「人」とは武士のことである。討ち入りに参加した多くの者の気持ちは、この義務感だった。

十一月二十日付け堀部安兵衛書状

堀部安兵衛は、江戸で妻と暮らし、舅もともに討ち入りすることから、家族も納得づくの行動だった。浪人生活の中で生活苦もあったが、親類などが生活費の補助もしてくれていたので、どうにかなっていた。

「この度、同志が決議して、変心なく亡主へ志を顕し、本望至極に存じている事、御察し下さい。弥兵衛殿は御年が寄りましたが、御達者で、一緒に命を捨てること、貴様にもとくに御満悦と察していま す。母や妻の事は、申し上げるに及ばないと思いますが、御心添えを何分にもお頼みいたします」

此度同志の一決、変心なく亡主へ志を顕し、本望至極に存じ候段、御察し下さるべく候。弥兵衛殿御歳を寄らさせられ候えども、御達者にて、一同に亡命なさる段、貴様にも別して御満悦と察し奉り候。母妻事は、申し上るに及ばず候えども、御心添えの儀、何分にも憑み奉り候。

最初から急進派の中心的存在だった安兵衛だけに、その書状は力強いが、それでも残していく義母や妻のことは気になったようである。

十一月二十一日付け近松勘六書状

近松勘六は、浅草での会議の後、潮田又之丞に付いて上方にのぼった。そして、大石内蔵助一行とともに江戸に出てきた。十一月二十一日、近松は、乳母とその子作兵衛《さくべえ》に対して手紙を送っている。

「私は、幼少の頃、母をなくし、そなたにたいへんよくしてもらって成人しました。今も、そなたの心ざしは、普通の乳母以上に私に真実を尽くしてくれ、満足しています。御礼の気持ちは、筆舌に尽くせません。そなた一代の間は、なにとぞ世話をしてやりたいと思っていましたが、運悪く浪人し、たいへん残念に思っています。しかし、なにごとも前世の約束と思ってください。作兵衛へも申します。懇《ねんご》ろにしてもらい、御心ざしは満足しています。御礼も言いがたいほどです。このように浪人し、そなたたち二人とも別れ、名残多いことです。乳母は、私のことを聞いてさぞ力なく、嘆いているでしょうから、ひとえにそなたに頼みます」

われら幼少より母におくれ候所に、わけてそなた、なにかといたはり候て、成人いたし、今にそなたの心ざしども、よのつねよりわれらへしんじつなる心底、まんぞく申し候。れいのほど、筆にも申しがたく候。そなた一代何卒《なにとぞ》介抱いたし度《たく》おもひ申し候に、不仕合せにてろう人いたし、近頃残念にぞんじ候。さりながら何事も前世の約束と覚しめしくださるべく候。作兵衛へもねんごろにいたされ、御心ざし満足申し候。御礼申しがたく候。ふしあはせにて、か様にろう人いたし、そなたふたりへもわかれ、近頃残り多く存じ候。うば事、われら事きき申し候て、さぞ力なくなげき申すべく候まま、ひとへにそなたたのみ入り申し候。

幼い頃から世話をしてくれた乳母に対する痛切な思いが伝わってくる文章である。

十二月四日付け
岡野金右衛門書状

岡野金右衛門は、亡父の遺志を継ぎ、真っ先に江戸に下ってきた。まだ二十四歳の若さだから、とりわけ母親への思いは強かっただろう。十二月四日、岡野は母に手紙を送っている。

文中では、江戸に来てずいぶん息災にしており、小野寺十内、大高源五、小野寺幸右衛門などがよくしてくれて、寒くもなく暮らしている、と書いている。いかにも初めて母のもとを離れた青年の手紙である。そして、母に対し、次のように訴える。

「かねて申し上げたように、今度時節が来たり、申し合わせた者たちが死ぬことは、もとよりそちらを出た時から、二度と帰ることはないと覚悟していました。かねて決意していたことですが、今さらながら母上のことを思い出しますと、ひとえに冥途への障りともなります。とにもかくにも、何事も侍の習いですので、ずいぶんと御考えになって、決して深くは御嘆きにならないようにしてください。昔からよくあることですので、御嘆きなされることではございません。一家中の者が一緒に主人のために命を捨てることは、母上への御奉公とも思います。この事を御聞きになれば、御気色もどうかと心許なく思っています。憂き世の中とお思いになり、御あきらめ遊ばしてください。いかなる縁で親子となり、このような御難儀をかけるのかと、罪のほども恐ろしく存じますが、さして（母上へ）御奉公をしたこともなく、辛い思いをさせることを、罪深く存じます。私のためと思し召すなら、決して御嘆きなく、念仏の一偏も頼みあげます」

かねて申し上げ候ごとく、今度時節きたり、申し合わせ候ものども、あいはて申す事、もとより其元を立ちいで申し候時分より、二度かへり申すべきかくごにて御ざなく、かねてぞんじきわめたる事にて候へども、今さら御身の上ぞんじやり候へば、ひとへにめいどのさわりともなり申す事にて、とかく〳〵何事もさむらいのならいにて候へば、ずい分〳〵思し召しきかせられ、かならず〳〵ふかく御なげきなさるまじく候。昔より有るならいにて候へば、御なげきなされ候事に御ざなく候。一家一所にしゅ仁のため命をすて申し候事、りゃうにん様へ御ほうかうと存じ候。此事、御ききなされ候はば、御気色もいかがと御心もとなく存じ候。うき世の中と思し召し、御あきらめあそばさるべく候。いかなる物かおやことなり、かようの御なんぎかけ候事やと、つみのほどもおそろしくぞんじ候。さしての御ほうかういたしたる事もなく、うきめをみせまいらせ候事、つみふかくぞんじ候。私ためと思し召し候はば、かならず御なげきなく、ねんぶつの一ぺんもたのみあげ候。

さして母親に孝行（「御奉公」と表現している）もしていない身でありながら、母に難儀や御嘆きを与えることを、心の底から辛く思っている気持ちが伝わってくる。

これまで紹介してきた他の者たちの手紙も、自分が死ぬことへの悲しみや辛さを訴えるものはない。残される者の嘆きを思いやっているものばかりである。そして、その嘆きへの思いが、討ち入りに参加することへの躊躇にもつながるのだが、岡野はそれを振り捨て、自らの決意を語っているのである。

十二月五日付け茅野和助書状

茅野和助は、大石主税に同行して江戸に出てきた。もと美作国津山《つやま》藩森家に仕えており、森家断絶後、赤穂に出てきて、浅野家に仕えた。五両三人扶持というわずかな禄高だが、徒目付を務めている。内匠頭に召し抱えられたのが元禄十年のことだから、赤穂藩士になってわずか四年しかたっていない。

ここで紹介する書状は、『赤穂義士史料』に、「義人遺事所載」史料として掲載されているが、平成二十二年十二月、津山の旧家である仁木家の蔵から原本が発見された。茅野の死後、母が津山に帰ったとされるから、何らかの事情で仁木家所蔵となったのであろう。

「私は、先々月に江戸へ参りました。その節は暇乞いに伺候するべきでしたが、急なことのため、今も心残りに思います。その段は、返すがえすお許しください。江戸に立つ時、書置にも書いたように、この度主人の敵を討つことは、大石内蔵助を始め人数五十人程です。この場を避けたのでは、一家の面目、殊に武士として生きていますので、武次郎や倅猪之吉《いのきち》などにも悪く、とにかく武士の道をはずれることでございます。人たる者、一生わずかの間に一度は必ず死ぬ運命にありますから、少し早く死ぬだけの事でございます。法善様もこのようにして死ぬことを尤もと思っていただけると思います。ふだんの御心持ちでございます。さて、何分にもこの理につくことでございますので、明六日の朝、かの屋敷へ切り込むはずでございます。この上、運よく手柄もたて死んでいくなら、幸せに存じます。あとのことは、万端頼みます。倅は、いまだ幼いので、何卒《なにとぞ》武次郎が後見し、一度は家名を継がせるように、相談してやってください。赤穂にも私が親しい方へも頼んでおります。返す返す一度は母上様に楽をさせるようにし、武次郎を取り立てて一人前の武士としたいと思っておりましたが、それだけが心残りです。それは前世の定めと考えて、母上が御歎きにならないよう頼みます。申すまでもないことですが、母上へよく孝行なさって。御兄弟仲良くしてください。おいわ、おかね、などへも、このことを言い聞せて下さい。これが今生《こんじょう》の御暇乞いでございます」

私義、先々月此元江参り申し候。その節御暇乞いに伺公仕るべく候所、急なる事故、今以て残り多く存じ奉り候。その段、返々御免下され候。罷り立ち候時分、書置にも認め置く通り、この度主人の敵を討ち申す事、大石内蔵助を初め人数五十人程に御座候。この場をのがれ候ては、一家の面目、殊に武士を立て候えば、武次郎又は倅猪之吉抔《など》にもあしく、兎角《とかく》〳〵武士をはづれ申す事に御座候。人たる者、一生纔《わず》かの間、一たび是非とも死《しぬ》る命に御座候得ば、ちと早く相果《あいはつ》る迄の事に御座候。法善様にもケ様に仕り相果て候事、尤もと思し召し候。つね〴〵の御心入りにて御座候。然ば、何分にもこの理に落ち申す事に御座候間、明六日朝、彼屋敷江切り込み申す筈に御座候。この上ながら、運よく手がらをも仕り候て相果て候はば仕合せに存じ奉り候。跡の儀、万端頼み奉り候。倅儀、いまだ水子の事に御座候得ば、何卒〳〵武次郎後見仕り、一度家名を続かせ候様、御相談頼み奉り候。赤穂にも私念頃の方江も頼み遣し候。返々一度は御母人様江御らくなされ候様仕り、武二郎《マヽ》をも取り立て、人となし申すべくと存じ奉り候処、是のみ残念に存じ奉り候。それは前世の定めと思し召し、御母人様御歎きなされざる様、頼み奉り候。申す迄御座なく候得ども、御母人へ能《よく》〳〵かうかうなされ、御兄弟の中、随分〳〵むつまじくなさるべく候。おいわ、おかね、どれ〴〵へもよく〳〵この旨御申し聞せ下さるべく候。今生の御暇乞い、かくの如くに御座候。

人間、誰でも一度は死ぬものだから、今回のことで死んでもそれは少し早かったというだけのことだ、と達観した姿勢を見せている。わずかな期間の主従関係しか持たない茅野だったが、彼もまた、この討ち入りは武士の義務で、この場を避けることは、「武士をはつれ申す事」と書いている。自分のためにも、また家や子供たちのためにも、是非共討ち入らざるを得なかったのである。

十二月五日付け潮田又之丞書状

潮田又之丞は、最初から意思堅固で、大石に命じられ、上方と江戸を往復している。浅野大学の処分が決まった後、江戸に派遣され、また上方に戻った。そしてすぐ、江戸に向かうことになる。

潮田は、十二月五日になって、母に手紙を送っている。

「いま一度御目にかかる事もなく先立つ事、さてさて名残惜しく存じますが、かねて申し上げたように、止みがたき事情があり、武士の本意を欠いたのでは、先祖の名字に疵を付け、殊に主従の関係が立ちがたいと思い切りました。私への思いを断ち切り、御嘆きのないようにしてください。母を振り捨て、先立ち申すことは、御心のほどを察するといたわしく思いますが、武士の憤りは仕方のない事と御考えになり、御あきらめください。私の事は御気遣い遊ばされないでください。決して見苦しくないように、討ち死にしようと思います。この段は御気遣いなされないでください。きっと後に詳しく様子はわかると思います」

いま一度御めにかかり申さず先立ち候事、扨《さて》く御残り多くぞんじ候へども、かねて申し上げ候ごとく、やみがたき次第、武士の本意をかき候ては、先祖のめうじに疵をつけ、殊に主従のわけ立ちがたく存じ切り候。おぼしめし切り、御歎き有るまじく候。御年よりをふり捨て、先立ち申し候段、御心底のほど察しやり、御いたはしく候へども、武士のいきどをり是非もなき事と思し召し、御あきらめ下さるべく候。わたくし事は御気遣ひあそばしまじく候。随分く見ぐるしくなきやうに、うち死いたし申すべく候。此段御気遣ひ候まじく候。さだめて跡にてくわしくやうす知れ候はんとぞんじ候。

潮田は、まず先祖の名字に疵を付けることを気にかけている。また、潮田の妻は、小山源五右衛門の娘だった。潮田は、あくまで夫の側にいたいという妻を説得し、小山家に返している。これも、妻に累を及ぼすまいと言う配慮だったと思われる。

このように彼らの手紙を読んでくると、堀部を除いて江戸に来た者はみな、勝者をめざすというより、敗者の心情を吐露しているように見える。いわば必ず負けるとわかっている戦いだとわかっていながら、武士たる者の義務として参加している心情が見えるのである。それだけに、彼らの心情は切実で、読む者の心を打つ。

4　大石内蔵助の心境

妻りくへの思い

大石内蔵助は、七月二十五日付けで、実家に帰した妻のりくに手紙を送っている。署名は変名の「池田久右衛門」である。

内蔵助は、りくから三男大三郎《だいざぶろう》が誕生したことを告げられ「くれぐ〱見申したき事と存じ候」と書いている。

この頃は、ほぼ吉良邸討ち入りを決意していたはずだから、この世で大三郎に会うことはないと思いながら、「くれぐれも見申したき事」と述べている。

実家に帰ったりくは、石束家の人々に見守られながら大三郎を産み、一族の者から祝われた。内蔵助も、りくの手紙を受け取ってから、祝儀をもらった人やお世話になった者へ礼状などを書いている。

そして内蔵助は、次のように自分の近況を知らせている。

「いつぞやも話した通り、今は八坂神社の祇園踊りの時期なので、私も主税を連れて見に行ってきた。なかなかおもしろいものだった。伏見の有名な踊りも見て、たいへん驚くほどのものだった。あなたへ、ぜひ見せたいものだと、心の底から思ったことだ」

いつぞやも申しまいらせ候通りに、いまほどやさかぎおんおどりゆへ、われら、ちからもまいりミ申し候。なか〳〵なぐさみ事にて候。ふしみのかのおどりも見申し、さても〳〵おどろき入りたる事ども、そもじどのへみせ申し度事と、しんと〳〵ぞんじ出す事どもにて候。

内蔵助は、祇園踊りに、息子の主税とともに見物に行き、また伏見の有名な踊りも見物し、「ぜひそなたに見せたいものだ」としみじみと感じたのである。もう二度と一緒に見ることができないと思うだけに、なおさら妻に見せたいと思ったのだろう。

続けて内蔵助は、送ってくれた素麵の礼を書き、最後に江戸からの知らせのことを書いている。

「江戸よりも知らせがあった。よくもなく、悪しくもなくといったところで、困ったことです。とにかく（このような境遇になったことは）因果の巡り合わせと思うばかりです。かしく」

江戸よりも左右これ在り候、さのミよろ（し）からずあしからず、きのどくのミにて候。とかくいんくわのめぐりあいとおもふばかりにて候。かしく

当然、どのような情報が入ってきても、正確なことは手紙でりくに漏らしたりはしないであろう。そのため、「さのみよろしからず」と曖昧に状況を知らせただけだが、「いんぐわのめぐりあい」という言葉から、ある程度は推測できただろう。

内蔵助は、すでに自分の命はないものと決していた。それでもなお、このように穏やかで、妻の身体を気遣い、周囲の人の気遣いに感謝する手紙を書いたのである。

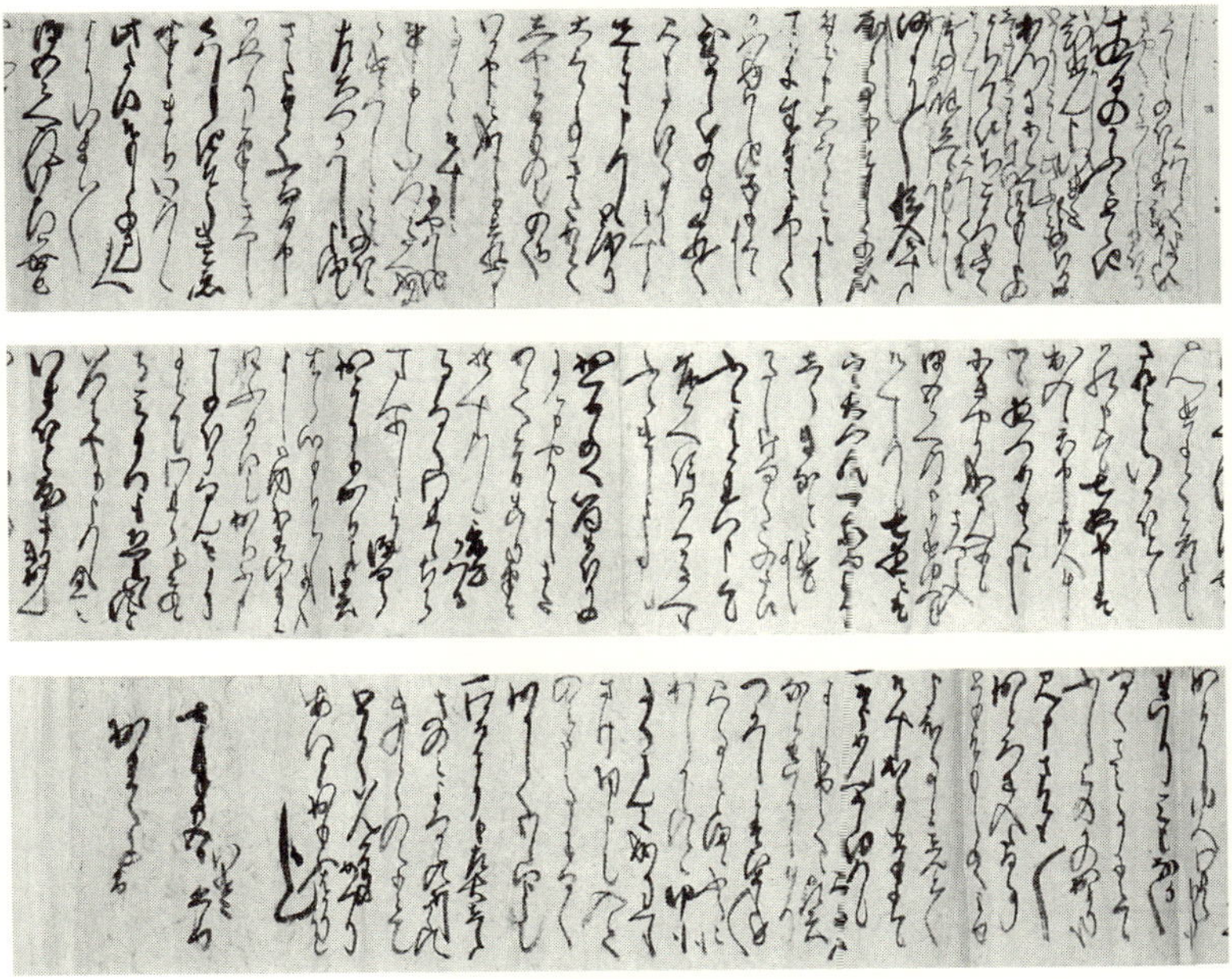

23—大石内蔵助書状
署名は変名の「池田久右衛門」を使用している

志の邪魔になる気がかり

江戸に出てきた後、十一月二十五日に、大石は最後の手紙を、山科の知り合いの僧侶に送っている。江戸では、屋敷がどうなったかを尋ね、吉良が屋敷にいるかどうかがわからず、難儀している、と状況を知らせている。

そして、心変わりした者について、次のように述べている。

「そちらの変心した者たちは、どのように批判されているだろうか。小山・進藤などは、どうなることかと震えているのではないかと察しています。聞いても詮のない事ですが、この者たちの様子を聞きたく思います。中村・鈴田・中田等、早速逃げ帰りました。道中はご苦労なことだったと言うべきだが、彼らの路銀の分が損になりました。江戸でも二人逃げました。全部で五人です。その外には不安な者はなく、私の指示に従っています。大慶の事です」

そこ元変心の者ども、いかが御批判に候哉。小山・進藤など、いかがぞとふるい居り申す事かと察し入り候。詮なき事ながら、この者共の様子、聞き申し度候。中村・鈴田・中田等、早速帰り候。道中太儀と申す事にて、路銀迄損になりきのどく候。爰元にても両人これ有り、都合五人、その外心元なきものこれなく、我等差図に随ひ、大慶の事に候。

さらに、側に召しつかった女の出産についても言及し、寺へ遣わされた次男吉之進《きちのしん》のこと、江戸での心境などを語っている。

「玄渓に頼んだ二条の妾の出産の事も、生まれたなら少し金銀を与え、どこでもいいので、玄渓が養子に遣わしてほしい。成人して見苦しく浅ましい様子になったなら、その時は良いようにご配慮を御願いします。（中略）この期に及んで不要な心遣いですが、少しは心にかかり、志の邪魔になるので申し入れました。吉之進の事は承知しました。出家するとは思いもしませんでしたが、仕方のないことです。もはや書く事もありません。残念な思いのみが残ります。ふと口ずさんだ和歌を送ります。

とふ人とかたること葉のなかりせば身は武蔵野の露ときへん

江戸に着いてから、寸暇を惜しんで絵図を見ており、心易く暮らす日もありません。なぐさみ見物など出ても、少しも心に染みません。いつも人の事だけに心を尽くしています」

玄渓に頼み候二条出産の事も、出生申し候はば、少々金銀遣わし、何方へなりとも玄渓遣わし申すべく、人と成り見苦しく浅ましき体に成り行き候はば、その節好《よ》きように御心を付けられ頼み申し候。（中略）この節入らざる心遣いに候ても、少しは心懸かり、志の邪魔になり候故、申し入る事に候。吉之進事承知、存じ寄らず道心者に、是非に及ばず候。最早書中申す事これあるまじく候。残念のみに候。ふと口すさみ候まま、

とふ人とかたること葉のなかりせば身は武蔵野の露ときへん

下着以後、寸隙を絵図、何かたに身を置き候て、心易く暮らす日もなふ、なぐさみ見物なども心しみ申さず候。隙なく人の事のみに心を尽くし候。

ここに書いている「二条」とは、内蔵助が妻のりくを豊岡に返してから、身の廻りの世話を頼んだ京の二条京極坊二文字屋の娘可留《かる》という妾のことである。元禄十五年には十八歳だと伝えられる。この可留との間に子供ができたが、その子のことは、男女の別すらわかっていない。

江戸での大石は、吉良邸の絵図面をいつも見ており、また脱落する者がいないかを絶えず気にしていたようである。京では祇園踊りなどを楽しんだ大石だったが、いよいよ決行の日が近づくと、気晴らしの見物などもまったく楽しめなかったという。その心の動きは、いかにも真実味がある。

Ⅳ　本懐を遂げる

24── 義士討ち入りの図

元禄 15 年（1702）12 月 15 日早暁，大石内蔵助率いる赤穂浪士は吉良邸へ討ち入った．上図は大石内蔵助ら 23 名の表門隊，下図は大石主税・吉田忠左衛門ら 23 名の裏門隊が，それぞれ配置された．

1　討ち入り準備と脱盟者

大石内蔵助、江戸に入る

大石内蔵助は、江戸に入ると、日本橋近辺の石町《こくちょう》三丁目南側、小山屋弥兵衛裏店に住居を定めた。垣見左内の名で大石主税を店借りの本主とし、垣見五郎兵衛と名乗った内蔵助は、左内の後見の伯父で、一行は上方より訴訟に出てきた者という触れ込みだった。

この裏店には、小野寺十内、早水藤左衛門、菅谷半之丞、潮田又之丞、近松勘六、内蔵助の若党一人、三村次郎左衛門、近松が近江から連れてきた家来二人の計十一人が入った。それぞれ変名を使い、仙北十庵と名乗った小野寺は医者に扮している。

ちなみに、この記述は『寺坂私記』によるが、原文では「上下〆拾人也」となっており、人数が合わない。また同様の記録である『寺坂信行筆記』では、早水藤左衛門、菅谷半之丞、三村次郎左衛門らの名前が落ち、内蔵助の若党は二人、近松の家来は一人とする。

寺坂の覚え違いや、写された時の脱漏なども考えられるので、一応の目安として理解していただきたい。別表に、義士たちの宿所を『寺坂私記』と『寺坂信行筆記』のそれぞれにより掲げた。両者を比較すると、『寺坂私記』の方が整備されている。

元禄十五年三月に江戸に出てきた吉田忠左衛門は、新糀町《こうじまち》五丁目に住居を借りてずっと江戸に逗留していた。これらの住居に、上方から下向してきた者が一人、二人と入り込み、次第に大人数が狭い長屋に住むことになった。

赤穂藩断絶後、堀部安兵衛は、両国橋近所の米沢町《よねざわちょう》後藤庄三郎店《たな》の三間四方の裏店に住んでいた（『赤穂義士史料』下巻）。しかし、それでは手狭なので、大石が江戸に出てきてから、本所二ツ目通り林町《はやしちょう》五丁目に広い借屋を二軒借り、ここに入って、同志たちの本拠とした（貝賀弥左衛門の話『波賀朝榮覚書』）。

江戸の落ち着き先（カッコ内は変名、＊筆者注）

○石町三丁目南側　小山屋弥兵衛裏店
大石主税（垣見左内）・借主
大石内蔵助（垣見五郎兵衛）
小野寺十内（仙北十庵）
早水藤左衛門
萱谷半之丞
潮田又之丞（深田斧右衛門）
近松勘六（森清助）
内蔵助若党
三村治郎左衛門

○石町三丁目　小山屋弥兵衛裏店
大石主税（垣見左内）
大石内蔵助（垣見五郎兵衛）
小野寺十内（仙北十庵）
近松勘六（森清助）
潮田又之丞（原田斧右衛門）
内蔵助若党　二人
勘六江州から来る家来　一人
都合十人
○新糀町六丁目　大屋喜右衛門裏店

勘六在所より召し連れ候家来二人
上下十《ママ》人
○新糀町五丁目　大屋喜右衛門表店
吉田忠左衛門（田口一真）・借主
原惣右衛門（和田元真）
吉田沢右衛門（田口左平太）
不破数右衛門（松井仁太夫）
寺坂吉右衛門
上下五人
○糀町四丁目　和泉屋五郎兵衛店
中村勘助（山彦加兵衛）・借主
間瀬久太夫（三橋倫貞）
間瀬孫九郎（三橋小市郎）
岡島八十右衛門（郡武八郎）
岡野金右衛門（岡野九十郎）
小野寺幸右衛門（仙北又助）
日雇いの小わっぱ一人
上下七人
○糀町四丁目裏町　大家七郎右衛門店
千馬三郎兵衛（原三助）・借主
間喜兵衛（杣庄喜斎）
間十次郎（杣庄伴七郎）
中田理平次（中田藤内）

吉田忠左衛門（田口一真）
篠崎太兵衛
＊篠崎太郎兵衛は吉田忠左衛門の変名
吉田沢右衛門（田口左助）
原惣右衛門（和田元真）
不破数右衛門（松井仁太夫）
寺坂吉右衛門
五人
○新糀町四丁目　和泉屋五郎兵衛店
中村勘助（山彦嘉兵衛）
間瀬久太夫（三橋浄貞）
岡島八十右衛門（郡民八郎）
岡野金右衛門（岡野九十郎）
小野寺幸右衛門（仙北又助）
間瀬孫九郎
間瀬小市郎　＊三橋小市郎は間瀬孫九郎の変名
日用小童　一人
上下七人
○新糀町三丁目
千馬三郎兵衛（原三助）
間喜兵衛（杣庄喜助）
間十次郎（杣庄十次郎）
中田利平次（中田藤内）

間新六
五人、家来なし
○糀町五丁目秋田屋権右衛門店
富森助右衛門（山本七左衛門）妻子ともに
○芝通町浜松町　檜物屋惣兵衛店
赤埴源蔵（高畑源野右衛門）・借主
矢田五郎右衛門（塙武助）
二人、家来なし
○南八丁堀（後、本所へ帰る）
村松喜兵衛（村松隆圓）
○深川黒部町　春米屋清右衛門店
奥田貞右衛門（西村丹下）
奥田孫太夫（西村清右衛門）
○芝源助町
磯貝十郎左衛門（内藤十郎左衛門）・借主
村松三太夫
茅野和助（富田藤吾）
磯貝十郎左衛門下人一人
上下四人
○南八丁堀湊町
片岡源五右衛門（吉岡勝兵衛）
貝賀弥左衛門
大高源五（脇屋新兵衛）

間十次郎弟（関新六）
五人
○新糀町五丁目　秋田屋権左衛門店
富森助右衛門（山本長左衛門）
妻子弟ともに
○芝通町三丁目浜松町　檜物屋惣兵衛店
赤埴源蔵（高畠源之右衛門）
矢田五郎右衛門（樽武助）
家来なし
○八丁堀（のち本所）
村松喜兵衛（柿垣隆圓）
妻子一緒に
○深川黒江町　つきや店
奥田貞右衛門（西村丹下）
奥田孫太夫（西村清右衛門）
○芝源助町
磯貝十郎左衛門（内藤十郎左衛門）
茅野和助（富田源吾）
村松喜兵衛（村松三太夫）
磯貝下人　二人
上下四人
○南八丁堀湊町　宇野屋十右衛門店
片岡源五右衛門（吉岡勝兵衛）

矢頭右衛門七（清水右衛門七）
田中貞四郎（田中玄回）
　五人
○本所二ツ目通り林町五丁目　紀伊国屋店
堀部安兵衛（長江長左衛門）・借主
毛利小平太（木原武左衛門）
横川勘平
木村岡右衛門（石田左膳）
小山田庄左衛門
中村清右衛門
鈴田十八
日雇打合家来一人
　八人
○本所三ツ目横町　紀伊国屋店
杉野十平次（杉野九一右衛門）・借主
勝田新左衛門
武林唯七（渡辺七郎左衛門）
　三人、家来なし
○本所二ツ目相生町三丁目
前原伊助（米屋五兵衛）・借主
神崎与五郎（小豆屋善兵衛）
　二人

『寺坂私記』による

貝賀弥左衛門
大高源五（脇屋新兵衛）
矢頭右衛門七（清水右衛門七）
田中貞四郎（田中源四）
　都合五人、家来なし
○本所林町五丁目　紀伊国屋店
堀部安兵衛（長江長左衛門）
毛利小平太（木原武右衛門）
木村岡右衛門（原田左膳）
横川勘平
鈴木重八　＊鈴田十八
小山田庄左衛門
中田清右衛門
惣合家来一人
　都合八人
○本所三つ目緑町横町　紀伊国屋店
杉野十平次（杉野九郎右衛門）
○吉良上野介裏門近所
前原伊助（米屋五兵衛）
神崎与五郎（小豆屋吉兵衛）

『寺坂信行筆記』による

それぞれ江戸下りの費用として三両を受け取っていたが、江戸に出るともう困窮する者がいた。大石内蔵助の同族大石瀬左衛門もその一人である。瀬左衛門は、伯父の大石無《ぶ》人《じん》良総《よしふさ》（七十六歳）に次のように借金を申し込んでいる。

江戸生活のための借金

「私はたいへん金子に不自由して困っています。持っていた金子も遣ってしまいました。今このように申し上げるのもどうかと存じておりますが、二、三両程しばらく貸して下さい。ほかに頼む方がございません。少し何か仕度物もございませんので、金子を貸してもらえれば、それでこしらえたいと思っています。この度のことですので、不憫と思って貸してください。追っ付け内蔵助も下ってきますので、その時は金子を請け取り、必ず返済いたします。この度の事ですので、御頼みいたします。さてさて、着替えもなく、寒く哀れな状態です。不憫と思ってください」

私儀、殊之外ふちゆう《（不自由）》ニ而めいわく仕り候。それに就き金子手遣ニ罷り成り候。近比かく申し上げ候儀いかがと存じ奉り候得共、二、三両程も当分御かし成され下さるべく候。外へ申すべきかたも御座なく候。ちと何か仕《し》度《たく》もの共御座候も、その金子御かし成され候得バ、それニ而こしらへ申し度候。此度の事ニ御座候間、ふびんと思し召し御かし下さるべく候。追っ付け内蔵介《（助）》も罷り下り申し候間、内蔵介参り候ハヾ金子請け取り、きつと返心《（進）》申し上ぐべく候。此度の事ニ而御座候間、頼み上げ候。扨々きがゑも御座なく、さむくあわれ成る事ニ御座候。ふびんとおぼしめし下さるべく候。

大石無人は、もと赤穂藩士だったが、事情があって藩を去り、長年浪人暮らしをしていた。江戸の本所柳島で隠居生活を送っていたが、嫡男良麿《よしまろ》は弘前藩津軽家に仕えて小姓組頭をしていたので生活に問題はなかった。堀部弥兵衛父子とも親しく、次男三平良穀《みつひらよしかた》（二十八歳）とともに討ち入りに協力していた（『大石家義士文書』解説）。

瀬左衛門は、江戸に出てきたのはいいが、すでに秋も深まり、着替えも買えないほど困窮しているのである。そのため、二、三両でいいからしばらく貸してほしいと頼んでいる。「仕度もの」は、討ち入りの仕度というより、しばらくの江戸暮らしのためのものであろう。その借金は、大石内蔵助が江戸に出てくれば金子をもらい、返済すると言っている。内蔵助を待っていたのは、このように困窮した者たちだったのである。

浪士たちの困窮

大石内蔵助が江戸に着いてから、同志たちへの家賃や生活費の補助が相次いだ。『金銀請払帳』によれば、まず磯貝十郎左衛門に、九月・十月分の家賃として、金一両を渡している。磯貝は、ずっと江戸にいた者だから、これはすでに家賃が払えない状況だったと見ることができる。

堀部安兵衛には、十一月分の飯料として、金四両と銀九匁三分を渡している。この内訳は、「堀部安兵衛・倉橋十左衛門・毛利小平太《もうりこへいた》・横川勘平《よこがわかんぺい》・村松三太夫《むらまつさんだゆう》・家来一人」となっており、堀部宅に倉橋十左衛門と村松三太夫もいたことがわかる。堀部の借宅は比較的広かったので、転居してきたのだろう。彼らには、十月分の家賃として、銀二十六匁も渡されている。ちなみに、金銀の交換比率は、金一両が銀五十六匁換えだったから、これは金にして二分ほどである。

勝田新左衛門・武林唯七・家来一人にも、十一月分の飯料が渡されている。彼らが身をよせた杉野十平次にも、十月分の家賃として、銭八百五十文が渡されている。これは同志を泊める手当として支給したものだろうが、この程度の家賃でも補助を受けないと困るほどに困窮していたのである。

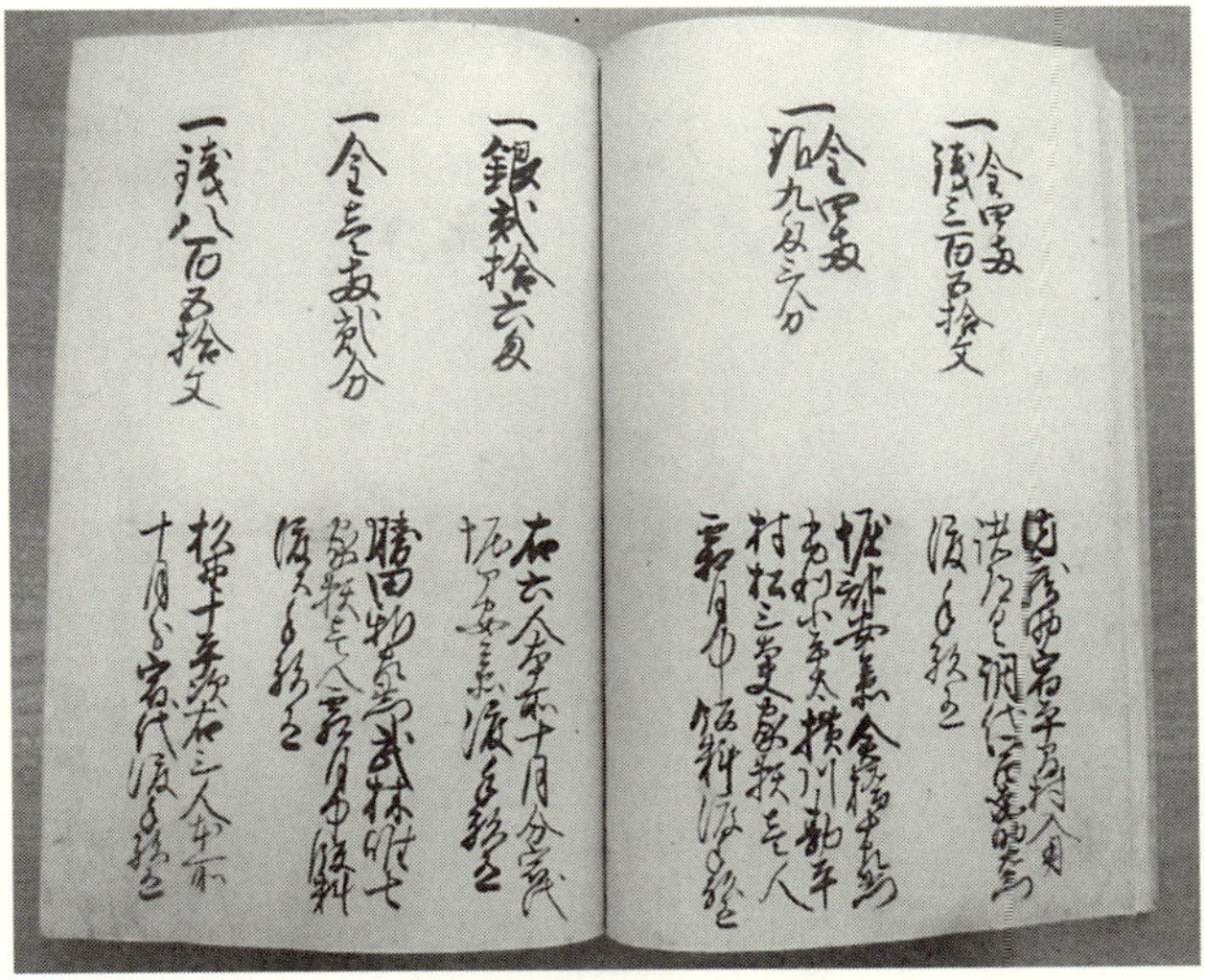

25―「預置候金銀請払帳」（箱根神社所蔵）

以下、同志への飯料と家賃補助を、『金銀請払帳』から抜粋していこう。

間喜兵衛・同十次郎・同新六《しんろく》・千馬三郎兵衛へ、十一月飯料として金二両。同四人の糀町借宅の十月分家賃として銀二十四匁。

杉野十平次上下四人の十月分飯料として金一両。中村勘助・間瀬孫九郎・小野寺幸右衛門・家来一人の四人分の十一月分飯料として、金二両。同四人の糀町借宅の十月分家賃として、金二分と銀五匁。さらに同借宅の番銭《ばんせん》として銭二百四十文。

この番銭は、借家人が町の自身番所の費用を分担するもので、今で言う町内会費のようなものである。

吉田忠左衛門に、麴町借宅の家賃と番銭として、金二分二朱と銭四百三十八文。

不破数右衛門に、十一月中の飯料として、金二分。

矢頭右衛門七に、十一月中の飯料として、金二分。

片岡源五右衛門に、湊町《みなとちょう》借宅の十月分家賃として、銀十三匁八分。片岡源五右衛門でさえ、家賃に困っていたのである。

この記載のすぐ後に、吉田忠左衛門に、これまでの在江戸中の諸事入用と面々へ渡す飯料と借宅代として、金五十四両三分と銀九匁一分五厘が渡されている。忠左衛門が立て替えていた分も含めての額だろうが、これはかなり高額である。あるいは、それまでかなりの借金もあったのかもしれない。

その後、小野寺幸右衛門に、十月五日から晦日までの飯料として、金一分と銀九匁三分が渡され、赤埴源蔵《あかばねげんぞう》・矢田五郎右衛門《やだごろうえもん》に、十一月半月分の飯料と家賃として、金二分二朱が渡されている。

以上、『金銀請払帳』には、これだけの飯料と家賃の補助が記されているのである。おおむね一人一ヶ月の飯料で、金二分がかかっているから、五十人いれば一ヶ月に飯料だけで二十五両かかる計算になる。大石が持参していた赤穂藩の残金はすでに残り少なくなっていたから、もうあまり猶予はなかった。最後の方で、小野寺や赤埴に、半月分というように細かく区切って渡していることも、残金が乏しくなっていることを窺わせる。

このほか、病気になった前原伊助のため、服用の朝鮮人参一両（十五グラム）の代金として金二分が磯貝に渡され、毛利小平太は、拠ん所ない入用だとして、銀二十一匁七分五厘を受け取っている。こうした費用も必要となっただろう。

続出する逃亡者

こうした劣悪な居住環境と飢え、さらにいよいよ討ち入りが目前になったことによる恐怖などのため、逃げ出す同志も続出した。これについては、十二月十一日付けで横川勘平が手紙に書いている。

まず十一月二十日、中田理平次が逃亡した。中田は、知行高百石、もと外村源右衛門組の馬廻である。

同二十九日には、中村清右衛門と鈴田十八が逃亡した。中村清右衛門は、知行高百石、小納戸を勤め、御膳番や御腰物方を勤めた藩主の近習《きんじゅう》役である。内匠頭切腹後は、片岡源五右衛門らとともに赤穂に下っている。鈴田十八は、蔵米三十石で片岡源五右衛門組である。

この三人は、一緒に江戸に出てきてから、赤穂浪人が討ち入りするという噂が流れていることにしきりに恐れ、逃亡したのだという。これについて横川は、彼らを卑怯者としながら、「内蔵助の仕方が、このように延び延びに致し、討ち入り計画が方々へ漏れるようになったことは、よいとは言いがたいと思う」と書いている。赤穂浪人が江戸に集結しているというような噂もあったのだろう。横川は、少しは彼らに同情的である。

中村・鈴田とともに江戸に出てきた潮田又之丞は、二人の逃亡について、「中村清右衛門・鈴田十八と同道して下向しましたが、先方へ討ち入りする日時が近づくと、書置を内蔵助殿に残し置いて逃亡しました。さてさて畜生同然の者で、侍の面汚しです」と書いている。誰もが名残惜しい気持ちを振り捨てて武士の道を立てようとしているのに、この期に及んで逃げ出す者への怒りは大きかったのである。

小山田《おやまだ》庄左衛門《しょうざえもん》は、小袖と金子を少し盗んで逃亡した。横川の手紙では十一月二日となっているが、十二月二日の間違いだろう。小山田は、知行高百石の江戸給人である。

討ち入り直前の十二月八日には、藩主の寵愛篤かったとされる小姓田中貞四郎までが、逃亡した。田中も、内匠頭の切腹後に落髪し、片岡源五右衛門らとともに赤穂に下っている。『浅野内匠頭分限帳』では百石で玉虫七郎右衛門組となっている。

大石内蔵助の家来である瀬尾孫左衛門と矢野伊助は、平間村に遣わされ、富森助右衛門の屋敷の留守を任されていた。二人きりになったのを幸いと思ったのか、互いに申し合わせて逃亡した。大石は、ここまで付いて来ながら二人が逃亡したことを残念に思ったという。

討ち入り準備の買い物

赤穂浪人は、浪人とはいえ武士だから、大小の刀などは常に持っている。しかし、討ち入りにあたって、鎗や半弓、あるいは相手の刀から身を守る着込《きごみ》や鉢金《はちがね》などは、購入する必要があった。大石も、必要があれば申し出るように、平間村で指示している。

ところが、『金銀請払帳』には、以下のものしか書かれていない。

着込一領・鉢金一つ調代　金一両一分二朱
この度調代　金二分（吉田忠左衛門に渡す）
かぎ幷すまる代　銀五十五匁（神崎与五郎に渡す）
木でこ四丁代幷日用賃　銭八百三十二文
矢籠・矢からみいと代　銀一一匁二分
鎗・弓矢幷矢籠代　金一分・銀百三十九匁五分・銭九百三十二文
寺坂吉右衛門の用意のため　金三分
横川勘平着込・鉢金代　金一両二分
間十次郎・同新六弓・鎗代　金一両
武林唯七長刀調代　金一両
間瀬孫九郎鎗調代　金二分

討ち入った者たちは、みな着込を着けていて、吉良方の侍が切り付けても切れなかったというから、ここで書かれている二領分どころではなかったはずである。

この間の事情を詳しく記している『寺坂私記』から、討ち入り準備のために購入した諸道具を列挙しておく。

鎗　十二本
長刀　二振
まさかり　二挺
弓　四張（うち半弓二張・数矢根とも）
竹ばしご　大小四挺
げんのう　二丁
鉄手木　二丁
木手こ　二丁
鉄槌　二本
大のこぎり　二丁
かすがい　六十本
かなすき　二丁
取かぎに長細を引きつけたもの　十六、七
玉火松明　人数分
ちゃるめるの小笛　人数分
がんどふ提灯　一つ

水溜の大張籠　二つ

塀を乗り越えるための竹ばしご、取りかぎに長細（紐の種類）をつけたものなどを用意し、門を破るためのまさかりなどもある。『寺坂私記』では記載がないが、『寺坂信行筆記』では、かけやを六丁用意したことになっている。

討ち入ってからは、長屋の戸口を打ち付けるために、かすがいと鉄槌やげんのうなども用意している。これは実際に用いられて、長屋にいた者が出ることができなくなった。

玉火松明は、行動する時の照明で、がんどう提灯は、上野介の首をあげる時に確かめるための照明である。ちゃるめるの小笛は、上野介の首を取った時に仲間に知らせる合図のため、水溜の大張籠は、鉄槌・げんのう・かすがいなど、諸道具を入れて運ぶためのものである。

これだけの準備をして、四十七人の者が討ち入ったのである。なお、これには『金銀請払帳』に見えない品物も多い、多くの者の着込などと同様、大石が軍資金とした金とは別に預かっていた、瑤泉院の化粧料を運用していた金の利子から出した可能性が高い（拙著『「忠臣蔵」の決算書』新潮新書、二〇一二年）。

吉良の動静を探る

吉良邸の屋敷絵図は、古いものと新しいものの二種を手に入れていた。この絵図を元に、人数の配置なども決定した（以下『波賀朝榮覚書』）。

吉良邸は、かねて用心が堅固だと聞いていたので、毛利小平太が、密かに屋敷内に潜入し、それほ

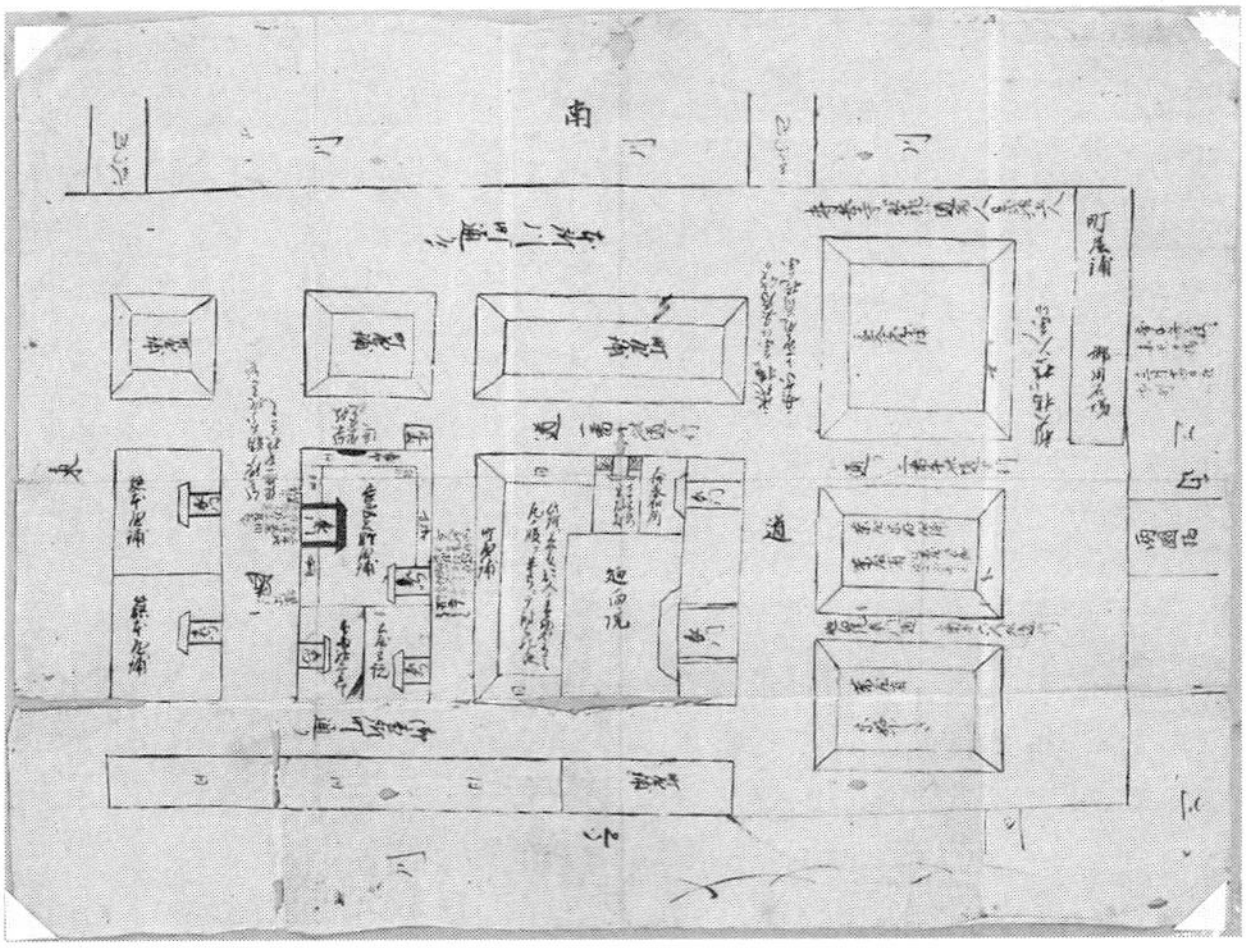

26──吉良邸内外屋敷之図（潮田又之丞筆）

ど堅固でもないこと、長屋の戸の数まで詳細に見届けてきた。

重要なのは、上野介が確かに在宅しているかどうかである。吉良邸に出入りする茶湯の者が多いので、茶湯巧者だった大高源五が町人に扮し、茶湯の師匠の弟子になり、上野介の在宅を探ろうとした。

十二月五日、吉良邸で茶会があることを探り出し、この日の夜に討ち入ろうとした。ところが、その翌日に将軍の御成りがあるということだったので、大石は上を憚って中止することにした。その口実が茶会が中止されるからというものだったため、それを知った若い者たちは、内蔵助に二心があるのではないかといきり立った。

十四日夕方、吉良邸において、茶会があることがわかった。大高の師匠山田宗徧も呼ばれているという。そこで、吉良邸裏門前に店を出していた神崎与五郎と前原伊助に探らせたところ、確かに宗徧が吉良邸に入っていった。これで、十四日深夜の討ち入りが決まったという。

ただし、大石と知己であった伏見稲荷の神官羽倉斎《いつき》（荷田春満）が十二月十三日に大石三平良穀《みつひらよしかた》宛てに送った書状に、「彼方ノ儀は十四日の様にちらと承り候」（『大石家義士文書』）と書かれていることは、大高の働きとともに重要である。三平は大石瀬左衛門の従兄弟で、父の大石無人とともに同志の者たちに何かと協力していた。羽倉からの情報を得た大石三平が、十二月十四日に上野介が在宅しているという情報を知らせたことは間違いない。一方、上野介の在宅情報を得たのが大高だというのは『江赤見聞記』に書かれていることだが、彼が俳人として名をあげていたため彼に仮託された可能性もある。

屋敷内の探索を行った毛利小平太は、『浅野内匠頭分限帳』によれば、二十石五人扶持で江戸屋敷の大納戸を勤めていた。江戸の事情や屋敷のことなどには詳しかっただろう。彼は、大石が討ち入りの際に持参した「浅野内匠家来口上」にも名を連ねている。

ところが、十二月十一日付けで、「私は、急に拠ん所ない事情ができたので、この度申し合わせた御人数を退き申します。そのように御心得ください」という脱盟状を、大石と相宿の堀部らに残して逃亡した。この毛利の脱盟の事情が何かは、謎である。

赤埴源蔵の暇乞い

赤埴源蔵は、十二月十二日、暇乞いをするつもりで妹聟を訪ねた。いつもよりきちんとした衣類を着ていった。

すると応対した妹聟《むこ》の親が言った。

「あなたは浪人の身でありながら結構な衣類を着ているが、どういうおつもりか。内匠様の事件以来、御家中の面々は世のすたり者と笑われ、誰も召し抱えようとする者はいない。腰抜け者と笑われる身なのだから商売でもして生活していこうという覚悟もなく、そのような衣服はどうかと思う。まあ、昔からの同僚がみな腰抜けなのだから、是非もないことだ。このように言うのも、私でなければ意見を言う者はいないと思ってのことだ」

「ご意見は身に余り忝いことです。仰せのように、そのような意見をしてくれる人も他にはありません。ただ、今日はこのようにしなければならない方に行くからです。久しく御目にかかっておらず、妹にもしばらく逢っていません。そのうえ、一両日中に、拙者も住居を移し本所筋に行きますので、いつ逢えるかわからないと思い、伺いました」

妹聟の親は、酒を勧めた。赤埴はそれに応じた。「いつもは酒を呑まないのに、今日は呑むのだな」と彼が言うと、赤埴は、「今日は少し酒を飲みたい気分です」と言い、酒を呑んだ。そして、なんとなくめいめいに盃を交わし、妹にも酒を注いでやった。赤埴は実は下戸だったのである。そして、いつもよりもむつまじく話をして帰った。

さて、その三日目の夜、赤穂浪人の吉良邸討ち入りがあった。

「このような事、少しでも気づいていたら、馳走もし、力の付くようにしていただろうに、そうはせず、その上つまらない意見だてをして辱めたのは面目ないことだった。ああ不憫なことだ」

その親と嫁は、昼夜一緒に歎き悲しんだという(『波賀朝榮覚書』)。

赤穂浪人の置かれた立場は、江戸では誰からも腰抜け扱いされ、新しい仕官先もまず決まらないというものだったのである。堀部安兵衛が、あれほど大石に討ち入りをせかしたのも、当然のことだったかもしれない。

2　吉良邸討ち入り

討ち入り前夜

赤穂浪人たちは、一味の拠点である堀部安兵衛の借宅に集まって、しばらく門出の祝儀として、酒を酌み交わした。それから、思い思いに、安兵衛の借宅のほか、杉野十平次と前原伊助の借宅の三カ所に分かれて、討ち入りの時刻を待った。

吉田忠左衛門、同沢右衛門、原惣右衛門を始めとする六、七人は、両国橋を渡った川岸町の亀田屋という茶屋へ立ち寄り、そば切などを注文し、ゆっくりと休息した。彼らは、夜八時前に、堀部の借宅へ戻った。大石内蔵助父子も、ともに火事装束に着替えた(『寺坂信行筆記』)。

大石父子は、国元から火事装束を持参していたかもしれないが、全員が火事装束を着したというのは疑問である。四十七人もの浪人がこの時点まで火事装束を持っていたとは思えないからである。

水野監物の家臣東条守拙の『赤城士話』には、「四十七人、着込を着し、或は鉢金着、或は腰当股引、黒小袖の上に白布一巾を以て右の袖を包み、所々とぢ付け、手襻を懸け、相図の笛を懐中して、相言葉は山と問はば川と答えると相定め」とある。大石が黒小袖を着用するよう命じたことは『江赤見聞記』にもあるから、おそらくは黒小袖に白布で袖を包んだ姿が統一的な火事装束に見えたのだろう。東条は水野家に預けられた浪士たちから話を聞いていたはずだから、信頼できる記事だと思われる。

討ち入りの際に持参した「浅野内匠家来口上」も作成した。起草したのは原惣右衛門である。『寺坂私記』から紹介しておこう。

「去年三月、内匠が勅使への御馳走の件で、吉良上野介殿へ意趣を含んでいたところ、御殿中においてその場で我慢できないことがあったのか、刃傷に及びました。時節や場所柄をわきまえない行動は不調法至極で、切腹を命じられ、領地と赤穂城を召し上げられたことは、家来の者まで畏《かしこま》り入っております。上使の御下知を請け、城を差し上げ、家中は早速に離散しました。その喧嘩の時、御同席に御差し留めた御方がおり、上野介殿を討ち留めることができず、内匠の末期の際の残念な気持ちは、家来の者まで忍び難いことでした。高家の御歴々に対して家来の者が鬱憤を挟むことは憚りに存じておりますが、君父の讎《あだ》はともに天を戴かないという心情を黙止《もだ》しがたく、今日上野介殿御宅へ推参いたしました。ただ、亡主の意趣を継ごうという志までのことです。私共が死んだ後、もし御見分の御方がいらっしゃいましたら、御披見を願いたく、このよう

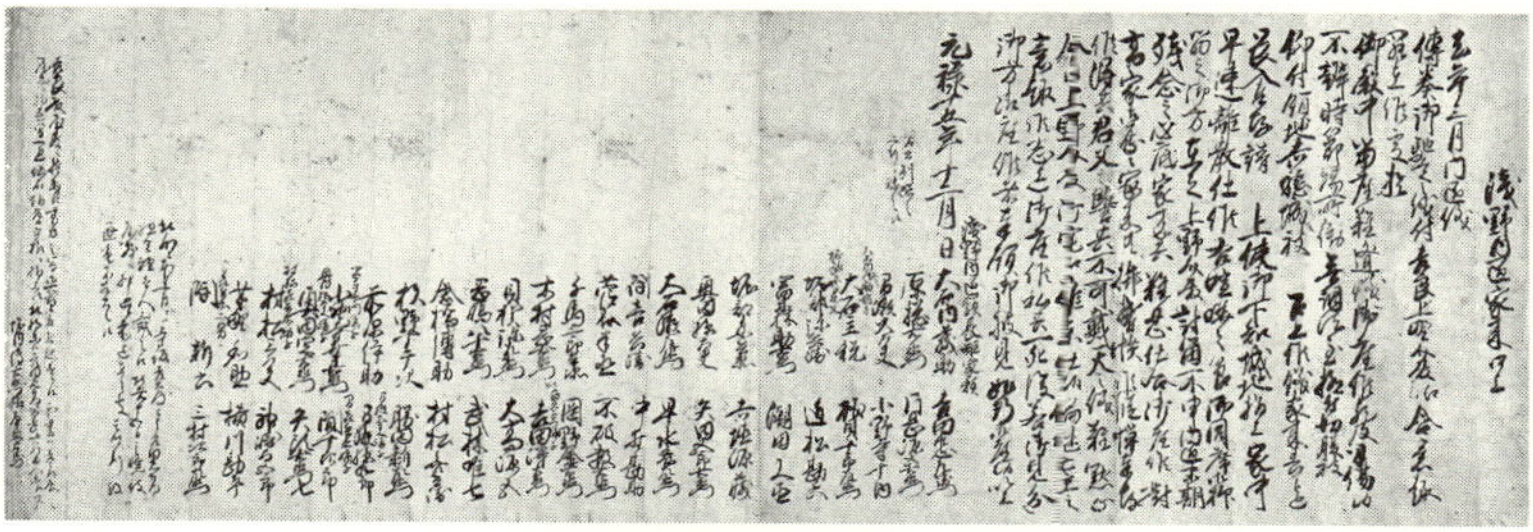

27── 浅野内匠家来口上

に認めました。以上」

去年三月、内匠儀、伝奏御馳走の儀に付き、吉良上野介殿へ意趣を含み罷り在り候処、御殿中において、当座逃れ難き儀御座候歟、刃傷に及び候。時節場所を弁《わきま》へざる働き、不調法至極に付き、切腹仰せ付けられ、領地赤穂城召し上げられ候儀、家来共迄畏り入り存じ奉り候。上使御下知を請け、城差し上げ、家中早速離散仕り候。右喧嘩の節、御同席御差し留めの御方これ有り、上野介殿討ち留め申さず、内匠末期残念の心底、家来共忍び難き仕合せ御座候。高家御歴々江対し家来共鬱憤を挟み候段、憚り存じ奉り候得共、君父の讎共に天を戴くべからざるの儀、黙止し難く、今日上野介殿御宅へ推参仕り候。偏に亡主の意趣を継ぎ候志迄に御座候。私共死後、もし御見分の御方御座候はば、御披見願い奉り度、斯《かく》の如くに御座候。以上

日付は、「元禄十五年十二月日」とし、「浅野内匠頭家来」として、大石内蔵助を筆頭に四十七人の氏名が記されている。これは、上包をして箱に入れ、青竹に挟み、当日、玄関前に立て置くことになる。

「武士の一分」というような「私的な」感情は一切書かず、内匠頭切腹

という幕府の処分にも異論は唱えず、ただ主君が末期に心残りだった筈の吉良上野介を討つという心情を実現する、という気持ちだけを書いている。意外なことに、自分たちの「忠義」の気持ちさえ表明していないのである。なお、題名および本文で「内匠頭」ではなく「内匠」と呼んでいるのは、罪人となった主君を官名で呼んでいないということで、幕府に対する遠慮の表現であろう。

「君父の讎」というのは、出典の『礼記』では「父の讐」だが、あえて「君父」としたのだという。日本においては、父への孝よりも主君への忠が優先される思想的傾向があり、この文章も、そこを問題にする者は当時も、また後世でもいなかった。

吉良邸に討ち入る

夜七つ時前（午前四時前）になる頃、堀部、杉野、前原の三カ所の借宅にいた赤穂浪人たちは、吉良邸に向かった。すでに十五日になっているが、当時は夜が明けるまでは十四日である。屋敷の脇で人数を二手に分け、表門と裏門の前に集結した。

表門の大将は大石内蔵助で、二十三人が従っていた。赤穂浪人は、表門の門番に、「火事なので、門を開いて通されたい」と告げた。門番が、「どこで出火ですか」と尋ねるので、「この屋敷の書院だ」と答えた。

門番が書院の方を見たところ、火は見えないので、「戸を開くことはできません」と答えた。すると大勢が「そのように埒があけぬことなら、踏み破れ」と叫び、表長屋に梯子をかけ、屋根を越えて乗り込んできた。

一番乗りは大高源五で、間十次郎も同時に続いた。

二番乗りは吉田沢右衛門、三番乗りは岡島八十右衛門だった。

その後、続々と屋根を乗り越えてきたが、堀部弥兵衛は年寄のため大高が軒から抱きかかえて下ろした。原惣右衛門は飛び降りた時、足をくじき、神崎与五郎は雪で足がすべり、右腕を骨折した。だが、当座はそれをものともせず、屋敷の中に向かっていった。

表門を入ると、合図の太鼓（鉦《かね》ともいう）を打った。

表門

一番	片岡源五右衛門 富森助右衛門 吉田沢右衛門 神崎与五郎
二番	大石内蔵助 原惣右衛門 間瀬久太夫 三村次郎左衛門
三番	近松勘六 早水藤左衛門 武林唯七 間十次郎
四番	奥田孫太夫 村松喜兵衛 小野寺幸右衛門 横川勘平
五番	大高源五 岡野金右衛門 倉橋伝助
六番	堀部弥兵衛 矢田五郎右衛門 菅谷半之丞 勝田新左衛門

裏門

一番	潮田又之丞 磯貝十郎左衛門 岡島八十右衛門 茅野和助
二番	吉田忠左衛門 小野寺十内 不破数右衛門 寺坂吉右衛門
三番	大石主税 堀部安兵衛 中村勘助 千馬三郎兵衛
四番	大石瀬左衛門 貝賀弥左衛門 杉野十平次 前原伊助
五番	村松三太夫 木村岡右衛門 間新六郎 奥田貞右衛門
六番	間喜兵衛 赤埴源蔵 間瀬孫九郎 矢頭右衛門七

裏門の名目上の大将は大石主税で、二十四人が従っていた。そのうち、吉田忠左衛門が主税の補佐役として指揮することになっていた。

表門からの合図に、裏門からもそれに呼応して太鼓を打ち、門の扉を金手子・木手子でこねあげ、斧で打ち破って一度にどっと乱入した。裏門は、吉良上野介の隠居屋敷の玄関に続いている。玄関の戸を、杉野十平次と三村次郎左衛門が掛け矢で一番に打ち破り、同志の者たちが次々と中に切り込んでいった。

横川勘平は、番人を捕らえ、案内せよと命じ、左手で番人の背中をつかみ、右手に刀を持って押し立てて上野介を探して歩いた。

大石内蔵助は、表門の中にいた。もし幕府の役人が駆け付けてくるとすれば、表門に来て、「門をあけよ」と命ずるだろう。その時は、「なるほど畏《かしこ》まり候。しかし、上野殿を只今討ち取っております。今は人数が散り散りになっておりますので、中に入れば万一慮外のこともあれば如何かと存じますので、人数を揃えてから門を開けますので、少しの間、お待ちください」と返答するつもりだった(『波賀朝榮覚書』)。

討ち入った者たちは、屋敷に入ってからも、「火事だ、火事だ」と叫び、屋敷内の長屋前に、鎗や長刀を持って出口を固めた。火事という声に驚いて出てくる者は、即座に斬り殺した。長屋にいる者が外を見たところ、長屋の戸口のところに四、五人ずつが鎗や長刀で出口を固め、長屋の屋根にも弓を構えている者がいて、まったく出ることができないような状態だったという。

吉良上野介の首を取る

表門・裏門の門番は、抵抗した者が二、三人討ち捨てられ、立ち会わない者は助け置かれた。山吉《やまよし》新八《しんぱち》、須藤与市右衛門《すどうよいちえもん》、左右田《そうだ》孫八《まごはち》（郎）らはよく働き、しのぎを削って戦った。しかし、赤穂浪人たちは着込を着けていたので、突いても斬っても相手に致命傷を与えることはできなかった（『米沢塩井家覚書』）。

屋敷の中は、小部屋がたくさんあった。赤穂浪人たちは、それぞれ部屋を打ち破って入った。その日は月が明るく雪も積もっていたので、外では行動の不自由はなかったが、部屋の中は暗い。屋敷内に入った時、捕らえた吉良家中の者から蠟燭のありかを聞き出し、所々に灯りをともした。そして、納戸などへも入って長持を打ち割り、怪しいところは縁の下まではがして探した。上野介の寝間は探り当てたが、蒲団があるばかりで、すでに逃げた後だった。

そのうち、間十次郎が、炭小屋に行き、戸を開け放したところ、中から一人が刀を抜いて飛び出してきた。同志の者たちは、この者を討ち止めた。台所近くの炭小屋の中を窺うと、中から炭や茶碗などを投げてきた。そして、また一人、斬って出てきた。

この者を討ち取った後、手燭で中を見ると、長持ちの上にもう一人がいた。白小袖の寝間着に、茶の縞の上着を着けている。

まさか上野介とは思わず、「主人のいるところを申せ」と口々に言いかけたが、何も答えない。そこで、武林唯七が、鎗で右の目の上を突いた。すると、脇差しを抜いて出てきたので、間十次郎が手燭を捨て、その者を斬り捨てた（『江赤見聞記』巻六）。

衣類が立派なので上野介かもしれない。もしそうなら、内匠頭が切り付けた時の疵があるはずである。しかし、額の疵は、以前のものとも今ついたものともわからなかった。そこで、背中を見たところ、確かに疵があった。そこで、十次郎に首をあげさせ、白小袖に包んで表門に持って行き、捕らえていた門番に見せたところ、紛れもなく上野介の首だと言った。

そこで、呼子の笛で全員を集め、勝ち鬨をあげた。原惣右衛門・小野寺十内・片岡源五右衛門が、塀越しに隣の土屋主税の屋敷へ名前を名乗り、「我々は遠国の者です。怨敵ですので、今晩上野介殿を討ち取り、本望を遂げました」と大声で告げた。

浪士たちは、長屋の前に行き、「上野介殿を討ち取った」と大声で触れたが、戸は引き立てられたままで、出てくる者は一人もいなかった。そこで、裏門の内側に全員を集め、点呼し、人数のうちで討ち死にや深手を負った者がいないことを確認した上で、裏門から退出した。近松勘六だけは、斬り合いの中で池に落ち、はずみで相手の刀が刺さり、股に重傷を負っていた。時刻は寅の後刻（午前五時過ぎ）で、ようやく夜明けに近づいていたが、まだ暗かった。

吉良上野介父子の疵

米沢藩の塩井という者が討ち入り後の吉良邸に行ってみたところ、玄関の台所口、御妻戸口、隠居屋敷の玄関、台所口など、扉はすべて鎚や斧で打ち破られていた。屋敷内は野原のように取り散らされており、方々に死人や負傷者が倒れていた。吉良上野介は、首がなく、体だけが残されていた。その体には、二十八カ所もの疵があったという（『米沢塩井家覚書』）。

主な疵は、両手のうちに三カ所、左の股に一カ所、膝頭に二カ所、こぶらに一カ所であった。脇差は刃こぼれして血がついており、柄口には相手の刀の切り込みがあった（『江赤見聞記』巻四）。これを見ると、上野介はただ鎗で突き殺されただけでなく、脇差を抜いて抵抗したとも考えられる。

28―吉良義央墓（華蔵寺）
華蔵寺は愛知県吉良町にある，吉良家の菩提寺

吉良左兵衛は、寝間から長刀を持って出て、相手を傷つけたが、自身も額と、腰から背中にかけて深手を負った。しばらく気を失っていたが、その後、気が付き、父親を心許なく思って寝間までいったが、すでにいなくなっていたので、落胆し、またその場に倒れた（「野本《のもと》忠左衛門《ちゅうざえもん》書面之写」）。

一方、不破数右衛門の書状によると、上野介は炭小屋の土間で、手向かいもせず、武林唯七や間十次郎らに叩き殺されるような様子で、切り殺されたという。左兵衛は、もう一人とともに、長刀で数右衛門に立ち向かったが、負傷して逃げたという。数右衛門は、左兵衛は逃げたらそのままにすると申し合わせていたので、逃げるに任せ、もう一人を上野介かと思って、斬り合った。相手は二人になり、なかなか腕が立って、数右衛門の籠手など三箇所に刀が当たったが、着込だったので疵付かなかった。

なお、数右衛門は、同志について、次のように言っている。

「相手と戦わなかった者もいました。なかなかにぶい者もいました。私に叱られて、少しづつ入り込みました」

数右衛門は、墓をあばいてその死骸を斬るというような行動もしていた人物である。同志たちは、数右衛門や「高田馬場の仇討ち」に助太刀した堀部安兵衛とは違い、斬り合いに慣れていたというわけではなかったのである。

左兵衛の疵は、栗崎道有が治療したところ、背中に少し、額に薄手一カ所、袈裟懸けに切られた疵が七寸ほどあり、これは少し深手だった。

幕府へ報告到来

十二月十五日朝、吉良家中の粕谷平馬という者が、吉良左兵衛の使者として、月番老中稲葉正通の屋敷に来た。左兵衛の口上は、次のようなものだった（『丁未雑記』）。

「昨暁八時半時、浅野内匠頭の家来共が私宅へ斬り込み、同姓上野介を殺害しましたので、私も立ち向かって負傷を負いました。当番の家来共も十四、五人討たれました。狼藉の者共も深手を負った者もいましたが、一諸に立ち退きましたので、死骸は残っておりません。急な事でございますので、口上で申し達します」

隣家の旗本土屋主税逵直《みちなお》（寄合、三千石）らからも、報告が来た。土屋によれば、「夜明け前、裏門前に五、六十人程も出てきたようでした。みな火事装束のように見えましたが、暗くてしかとはわかりませんでした」ということだった。

こうした注進を受け、老中は、目付安部式部信旨《のぶむね》（千石）・杉田五左衛門勝行《かつゆき》（五百石）を検使として、吉良邸に遣わした。

吉良家中の死傷者

幕府検使安部・杉田の報告によれば、吉良邸の死人は十六人で、負傷の場所、役職、名前は以下の通りである。『江赤見聞記』（巻四）にも死人のリストが載っているが、名前など一致しない者もいる。ただし、こちらには年齢が記されている者もいるので、同一人物と思われる者にはカッコで年齢を補った。

南長屋役人小屋にて	家老	小林平八郎
座敷の庭にて	用人	鳥居理右衛門（六十歳）
台所口にて	中小姓	大須賀治部右衛門（三十歳）
台所にて	同	清水一学（四十歳）
座敷居間にて	左兵衛用人	須藤与市右衛門

玄関にて　中小姓　新貝弥七郎（四十歳）
台所にて　役人　小堀源四郎（二十二歳）
右筆小屋にて　同　鈴木元右衛門
小屋出口にて　同　笠原長太郎（二十五歳）
台所にて　同　榊原平右衛門（五十歳）
小玄関口にて　中小姓　左右田孫八郎（四十歳）
同所にて　左兵衛坊主　鱸　松竹
厩の前にて　坊主　牧野春斎
玄関前にて　台所役人　森　半右衛門
小屋口にて　小姓　斎藤清右衛門
小玄関前にて　中間　権十郎

玄関や台所口、あるいは小玄関前で討ち死にしている者が多い。ほとんどは、赤穂浪人たちが討ち入った際に出ていき、その場で討たれたものであろう。役職を見ても、坊主、台所役人、中間などの非戦闘員が四人ほど討たれており、その場にい合わせただけで不幸に遭った者もいた。

このうち、十一人は、刀に血が付いていたと報告されている。多くは、それぞれ刀を抜いて戦ったようである。

負傷者は、『江赤見聞記』（巻四）によると次の通りである。

家老　松原多門（仲）四十歳　中手二カ所、矢疵・刀疵
取次　清水団右衛門　深手数カ所、強く働く
取次　斎藤十郎兵衛　二十五歳　深手、鎗三カ所
近習　山吉新八　中手二カ所、上杉家附人
用人　宮石所左衛門　五十歳　中手三カ所
近習中小姓　宮石新兵衛　深手
中小姓　加藤太右衛門　五十五歳　かすり手
近習　永松九（郎）兵衛　二十三歳　面の内三カ所刀疵
中小姓　石川彦右衛門
足軽表小頭門番　大河内六郎右衛門
中小姓　天野貞之丞　三十四歳　深手
同　堀江勘右衛門　三十五歳
同　伊藤喜左衛門　二十三歳
同　杉山与五右衛門
足軽　三人（森半左衛門・岩田源三兵衛・一人は名前不明）

中間　　三人（三の下番　兵左衛門・駕の者　八太夫・馬屋の者　茂右衛門）

全部で二十人であるが、総計は二十一人とされている。「米沢塩井家覚書」では、討死は二十三人としている。『江赤見聞記』（巻六）に収録されている彼らの供述書によって状況を見ていこう。

戦った者と逃げた者

松原は、裏門脇に屋敷があったので、火事という声に早速出てきた。弓で射られてもかまわず立ち向かったところ、門を打ち破った鎚で打ち倒され、戦うことができなくなった。

清水は、長屋にいて、火事という声で出ていったところ、鎗や長刀で打ち掛けられ、疵を負った。その後、上野介の座敷まで行ったが、深手のため倒れた。

斎藤は、当番のため広間にいたが、大勢が斬り込んできたので応戦し、重傷を負って働けなくなった。

山吉新八は、長屋にいて、火事という声に出ていったところ、鎗・長刀でかかってきたが切り抜け、左兵衛の寝間近くまで行ったが、乱入の者たちがいた。彼らと斬り合い、負傷し、その後は動けなかった。

宮石所左衛門は、騒ぎを聞いて長屋から出ていったところ、長屋の前で大勢に斬られ、負傷した。

宮石新兵衛は、泊り番のため屋敷内におり、大勢が斬り込んできたので、左兵衛の居間まで行ったところ、大勢に斬りかけられ、重傷を負った。

そのほか、加藤太右衛門、石川彦右衛門、伊藤喜右衛門、杉山与右衛門は、長屋から出ていったところを斬られている。

永松九郎兵衛は、泊り番だったが、大勢が斬り込んできたので戦い、負傷した。天野貞右衛門も、広間の当番で、斬り込んできた大勢の者と戦って、重傷を負い、主人の座敷の近くで倒れた。堀江勘右衛門も、書院の近くの座敷に居り、戦って負傷した。

これらの者たちは、不意を突かれたとはいえ、よく戦っている。

逆に、その場から逃げ出した者として、以下の十二人の名が記されている。

小笠原忠五郎　平沢助太夫　馬場治部右衛門
新見伝蔵　村山甚五右衛門　石原弥左衛門
柳原五郎左衛門　古沢吉右衛門　粕谷平馬
斎藤宮内（左兵衛家老、六十歳）　左右田孫兵衛（家老）　岩瀬舎人（取次）

このうち斎藤宮内は、左右田孫兵衛とともに壁を切り破って逃げ出し、向かいの町の笠屋三右衛門という者のところに逃げ込み、自身番所に隠れた。討ち入りが終わってから、自分の開けた穴から屋敷に戻った。これは、後に三右衛門の供述で露見したことである。この二人と取次の岩瀬舎人という者は、額に疵があったが、刀や鎗の疵のようには見えず、剃刀の疵のようだったという。

29──泉岳寺（東京都港区高輪）
泉岳寺は曹洞宗の寺院で，曹洞宗の江戸三か寺の一つ

首を泉岳寺の藩主墓前に供える

赤穂浪人たちは、吉良の首を泉岳寺に持参し、内匠頭の墓前に供えるつもりだった。

しかし、泉岳寺まではかなりの行程がある。上杉家から加勢の者が来るかもしれず、また屋敷から追って来る者がいるかもしれない。無防備なところを討たれるのでは本意ではないので、まずは近所の回向院《えこういん》に行き、そこで敵に備えようとしたが、いまだ門は開いていなかった。

回向院は、明け六つ（夜明け）までは、檀家と亡者以外は通さない決まりだとして門を開けようとしなかったので、両国橋まで行き、そこで上杉家からの討手を待った。しかし、誰も来ず、夜も明けたので、泉岳寺まで行くことにした。

両国橋を渡って通り町筋に出ると、月次御礼の日なので、大名の登城行列と出合うことになる。そこで、幕府の御船蔵の後通りを南下し、永代橋を西に渡って鉄炮洲に出た。ここは、旧赤穂藩上屋敷があったところである。同志たちは、門外で、「今晩、怨敵の上野殿を討ち取り、これより泉岳寺に引き退きます」と報告し、それぞれ名乗りをあげた。

それより行列で木挽町から汐留橋を渡り、伊達家屋敷前を通り泉岳寺に向かった。『米沢塩井家覚書』では、上野介の首は二つ練りの絹に包んで鎗の先に掲げたと書いているが、『江赤見聞記』（巻五）では白小袖に包んだとしている。

すでに夜はあけており、町々では見物する者が大勢いた。新橋辺りで、吉田忠左衛門と富森助右衛門が一行から別れ、幕府大目付仙石伯耆守久尚《せんごくほうきのかみひさなお》（千五百石）の屋敷に行き、討ち入りを報告した。汐留の伊達家屋敷前では、辻番《つじばん》の者がこの方の前は通さないというので、通り町に出、それより金杉橋から芝口に出、泉岳寺に着いた。

泉岳寺では、上野介の首を三方に載せ、内匠頭の墓前に供えた。そして、一同に焼香した。もはや何の望みもないので、みなここで切腹しようという声もあったが、内蔵助は、「いやいや、若輩者とはいえ、あまりにはやり過ぎ、せっかちなことを言うものではない」となだめたともいう。

高田郡兵衛への仕打ち

討ち入り後、一行が泉岳寺に向かっていた時、三田八幡の近所で、高田郡兵衛に出くわした。誰も物も言わずに通りすぎたが、堀部弥兵衛が、「みなこのように志を遂げ、上野介殿を討ち取り、首級《しるし》を只今泉岳寺へ持参するところである。見よ」と声をかけた。

郡兵衛は、「さてさて皆さまも御安堵なされたでしょう。私も、只今三田八幡へ社参し、皆さまが御本意を遂げられるように祈願しようと思っていました」と答え、別れた。

その後、郡兵衛が、酒などを持参し、泉岳寺の門番を頼んで、「内蔵助ら一行に祝儀の酒を持参しました。御通しください。御目にかかりたく思います」と告げてきた。これに対する同志たちの応対は次のようなものだった（『堀内伝右衛門覚書』巻之三）。

「若い者たちは、さてさて憎い奴だ、いい機会だから、ここへ呼び入れて踏み殺してしまおう、刀を汚すような者でもない、と言ったが、内蔵助は、あのような者を踏み殺しても何の益があろうかと言い、郡兵衛は呼び入れるべき者ではないので、酒を返してくれと、門番に命じたということでした」

若き者共、扨々にくきやつ哉、幸の事是へ呼び入れ、踏み殺し申すべく候、刀をよごし申す事にてこれ無くと申し候を、内蔵助申し候は、扨々あの様なる者を踏み殺し何の益やと候て、軍（郡）兵衛は呼び入れ申す者にて御座なく候、酒を返し給候へと、門番に申し付けられ候よし。

脱盟するにあたっては、郡兵衛にもそれなりの理由があった。しかし、死を決意している四十六人にとってみれば、それは自分の仕官と討ち入りを天秤にかけたものであって、自害するならともかく、生きながらえたのでは同情の余地はなかったのである。

また、この話を聞い堀内伝右衛門と預けられた赤穂浪人のやりとりも興味深い。

「おそらくその人は、平生は何に召しつかわれてもよい奉公人と褒められるような人だったのでしょう」

「いかにもその通りで、内匠頭家中でも大方優れた者で、何を勤めさせてもできないことはない者でした」

「さように器用な者には、決して本心の実はなく、世渡りが上手な者は今も昔も多くございます。出頭人は軽薄をもって主人を騙しますが、それは本心が不実だからです」

日頃、威勢のいい言葉を吐き、また主君の受けのいい者に限って不実なもので、いざという時はあてにならない、ということである。これは、現在でもよく言われることだが、郡兵衛が果たしてそのような者だったかどうかはわからない。しかし、重要なことは、今回の吉良邸討ち入りに参加しなかった者は、個人的な事情はどうあれ、世間からみなこのような目で見られたということである。その意味で彼らは、御家断絶の時に浪人して敗者となった時にはまだ浮上の可能性があったが、四十七士の討ち入り後は、生涯、汚名を着て生きていかなければならない完全な敗者となったのである。

寺坂吉右衛門の行動

『白明話録《はくめいわろく》』は、泉岳寺の僧・白明によるものである。当時、白明は十九歳だった。十二月十五日、朝飯が終わって礼茶の賀儀の準備をしていた頃、赤穂の浪人が異様な装束を着、鎗や長刀などを持って門を入り、内匠頭の墓へ通っていった。その後から、見物人なども集まってきた。

そこで、門に番を置き、見物人は追い返した。泉岳寺は浅野家の菩提寺なので、住持には知る人も多く、切腹するという大石たちをなだめ、湯漬けを饗して一同をねぎらった。そして、寺社奉行に報告するため、一人一人の名前を言わせ、書きとっていった。すると、一同は大目付に遣わした二人を除いて四十五人だと言うが、四十四人しかいない。確認すると、寺坂吉右衛門がいなかった、という。

しかし、『江赤見聞記』（巻四）によれば、上野介を討ち取った後、呼子の笛で味方を集め玄関前で点呼したところ、寺坂吉右衛門がいないことに気づいている。

この寺坂は、後に筆記を残しており、それがいくつかの写本で伝わっている。どの写本にも、討ち入りの時の状況が詳しく書かれているので、上野介の首を取るまでは他の四十六人と一緒にいたものと思われる。

寺坂は、『寺坂信行筆記』では次のように書いている。

「私も、上野介殿御屋敷へ一緒に押し込んで戦いましたが、引き払いの時、事情があって一同と別れました。今でも思い出すたびに残念で、なんとも申し上げられません」

私儀も上野介殿御屋敷へ一同押し込み相働き、引き払いの節、子細候て引き別れ申し候。今更のように存じ出し候度毎に、残念、兎角申し上げられず候。

また、孫の寺坂信成が信行の残した「心覚」を書写したという『寺坂私記』には、次のように補訂されている。

「祖父吉右衛門は、その場所から芸州へ注進に行った。芸州へ行った理由は、内匠頭殿舎弟大学殿がおられたためで、内蔵助の指示によって行きました」

祖父吉右衛門儀は、その場所より芸州江注進のため罷り越す。右芸州へ罷り越し候訳は、内匠頭殿舎弟大学殿居られ候に付き、内蔵助より差図に付き罷り越し候。

足軽の身分で主君に「内匠頭殿」などと書くわけはないから、これは孫による弁護にすぎない。何らかの理由があったのだろうが、個人的な事情なのか、そうした任務を申し渡されたのかはわからない。吉田忠左衛門は、御預け先の熊本藩邸で、「この者不届き者なり。重ねてその名を言われまじ」と述べているが、この発言も寺坂をかばってのものと理解することも可能である。足軽という身分だから一緒に死なせるもしのびないとされ、逃げるよう指示されたというのが真実に近いような気がする。

こうして赤穂四十七士は、四十六士となる。寺坂は、生き残ったことによってただ一人死を免れた。しかし、だからと言って勝者となったわけではない。泉岳寺の墓所にある寺坂の供養墓には「逐道退身信士」という戒名が付けられており、逃亡説にもとづいている。おそらく当時の評判は、逃げ去った臆病者というものだったのだろう。

V 討ち入りの結末

30── 大石内蔵助切腹の図

元禄 16 年（1703）2 月 4 日，江戸高輪の細川邸で大石内蔵助は切腹した．辞世と伝わる句「あら楽し　思いはるる　身は捨つる　浮世の月に　かかる雲なし」には，死を前にしてなお討ち入りへの満足感が感じられる．

1 預け先での赤穂浪人

細川家等四家に預けられる

吉田忠左衛門・富森助右衛門の報告を受けた大目付仙石久尚は、月番老中稲葉《いなば》丹後《たんごの》守正往《かみまさゆき》にその旨を報告し、ともに登城した。

その日の晩、幕府から御徒目付石川弥市右衛門ら三人が遣わされ、泉岳寺にいた赤穂浪人四十四人は、まず吉田・富森のいる仙石久尚の屋敷に移動するよう命じられた。四十四人は、討ち入りの時の装束のまま、高輪から三田を通って西の久保に出、仙石屋敷に着いた。道中の町々では警固の者が立っていた。

仙石家の屋敷前には、提灯が出され、張番などが立っていた。鎗や長刀は、屋敷前に捨て、玄関から中に入った。御徒目付は、それぞれの姓名、年齢、親類などの名簿を書かせた。

そして、仙石久尚から、大石内蔵助・吉田忠左衛門ら十七人を熊本藩細川越中守綱利《ほそかわえっちゅうのかみつなとし》に、大石主税・堀部安兵衛ら十人を伊予松山藩松平隠岐守定直《まつだいらおきのかみさだなお》へ、吉田沢右衛門ら十人を長門長府《ながとちょうふ》藩毛利《もうり》甲斐守《かいのかみ》綱元《つなもと》へ、間瀬孫九郎ほか九人を三河岡崎藩水野《みずの》監物忠之《けんもつただゆき》に預けることを申し渡された（表参照）。

四十六士の預け先（『江赤見聞記』巻六による）

細川越中守邸

大石内蔵助良雄	家老一五〇〇石
吉田忠左衛門兼亮	加東郡代二〇〇石役料玄米五〇石
原惣右衛門元辰	物頭三〇〇石
片岡源五右衛門高房	用人小姓頭三五〇石
間瀬九太夫正明	大目付二〇〇石役料玄米一〇石
磯貝十郎左衛門正久	近習物頭幷御書方一五〇石
小野寺十内秀和	京都留守居一五〇石役料玄米七〇石
堀部弥兵衛金丸	隠居前は留守居、隠居料高五〇石
近松勘六行重	馬廻二五〇石
富森助右衛門正因	馬廻二〇〇石
赤埴源蔵重賢	馬廻二〇〇石
潮田又之丞高教	馬廻二〇〇石
奥田孫太夫重盛	江戸武具奉行一五〇石
大石瀬左衛門信清	馬廻一五〇石
矢田五郎右衛門助武	馬廻一五〇石
早水藤左衛門満堯	馬廻一五〇石
間喜兵衛光延	馬廻一〇〇石役料玄米四石五斗

細川越中守邸の預け人

細川綱利は、肥後熊本藩五十四万石の国持大名である。剛毅な性格で、相撲を好み、多くの相撲取りを召し抱えたりもしている。当時、六十歳になっていた。

綱利は、十二月十五日の月次御礼の後、赤穂浪人十七人を預けると命じられた。最初は泉岳寺に受け取りに行くはずだったが、後で仙石久尚屋敷であると変更の通知が来た。

細川家では、浪人たちを載せる駕籠十七挺と予備の駕籠五挺を用意し、足軽百人、惣人数七百五十余という大行列で十七名を受け取りに行った。

大石たちが細川家の白銀中屋敷に着く

松平隠岐守邸

大石主税良金	大石内蔵助惣領
岡野金右衛門包秀	岡野金右衛門（元船奉行二〇〇石）子
堀部安兵衛武庸	馬廻二〇〇石
木村岡右衛門定行	代官一五〇石
不破数右衛門正種	先知一〇〇石、二、三年以前御暇
菅谷半之丞政利	馬廻一〇〇石
中村勘助正辰	祐筆一〇〇石
千馬三郎兵衛光忠	宗門改　役米三〇石
貝賀弥左衛門友信	国蔵奉行一〇両三人扶持外に五石
大高源五忠雄	膳番二〇石五人扶持

毛利甲斐守邸

倉橋伝助武幸	次番二〇石五人扶持
武林唯七隆重	次番一〇両三人扶持
杉野十平次次房	次番八両三人扶持
吉田沢右衛門兼定	吉田忠左衛門惣領
小野寺幸右衛門秀富	小野寺十内惣領
村松喜兵衛秀直	江戸蔵奉行一〇石五人扶持
岡島八十右衛門常樹	中小姓二〇石五人扶持
勝田新左衛門武堯	中小姓二〇石三人扶持
前原伊助宗房	金奉行中小姓並一五石三人扶持

と、藩主細川綱利がさっそくに十七人に会いにいき、みなそのままにしておれ、と言い、語りかけた（『堀内伝右衛門覚書』）。

「さてさて各《おのおの》、今日の仕方は神妙に思う。ここに大勢の侍どもを差し置くことにも及ばないことで、なにやらおこがましいことだが、公儀への手前置いているだけだから、みな左様に心得、なにか用事があれば承ろう」

吉良邸に討ち入った者たちは、罪人というより、事を成し遂げた英雄として遇されたのである。

収容されたのも屋敷の書院で、上の間には大石、吉田、原、片岡、間瀬久太夫、

間新六光風	間喜兵衛二男

水野監物邸

間瀬孫九郎正辰	間瀬久太夫惣領
奥田定(貞)右衛門行高	奥田孫太夫惣領
間十次郎光興	間喜兵衛惣領
矢頭右衛門七教兼	矢頭長助(勘定奉行二五石五人扶持)子
村松三太夫高直	村松喜兵衛惣領
神崎与五郎則休	歩行目付五両三人扶持役料五石
茅野和助常成	歩行目付五両三人扶持役料五石
横川勘平宗利	歩行五両三人扶持
三村次郎左衛門包常	酒奉行七石二人扶持

小野寺十内、堀部彌兵衛、間喜兵衛、早水が、次の間には磯貝、近松、富森、潮田、赤埴、奥田、矢田、大石瀬左衛門が置かれた。おおむね身分によって分けられていたが、本来上の間に置かれる磯貝は、早水と申し合わせて入れ替わったという。

細川家での待遇は贅を尽くしたもので、毎日の食事も、二汁五菜で、昼には菓子、夜は酒も饗された。しばらくして大石が、「我々は浪人暮らしが長く、贅沢なものを食べつけていないので、玄米や鰯のような粗末な食事にしてほしい」と願ったほどだった。

赤穂浪人の評判

十七人の世話役となった堀内伝右衛門も、大の赤穂浪士びいきだった。富森助右衛門に、自分の経歴などを話し、「皆さまは遠慮なさっているようだが、御忠義の御心底を察すれば、自分も毛頭身命を惜しんでいないので、心安く何でも頼んでほしい」と言っている。

ある時は、自分の住む町屋から駕籠に乗ると、駕籠かきが、「四十六人の衆は、昔の弁慶や忠信にも増した人柄で、男振りまで揃って大男で、とりわけ大石主税殿は、若年ではあっても大男、大力で、その夜も大長刀で弁慶にも勝るほどだったと聞いております」と語りかけてきた、と話している。

幕閣も、また、赤穂浪人の討ち入りを忠義の行動として評価する向きが強かった。諸藩からは、四十六人の者の助命を嘆願する声もあった。

もし、こうした世間の評判を背景にして、四十六人の者が許されたとしたら、彼らはまさに敗者から勝者になったと言っていいだろう。

しかし、彼らは、そうした望みは持たなかった。富森は、世間の評判がいいことを聞き、堀内に次のように述懐している。

「貴殿に頼みたいことがあります。ほかでもございません。拙者は、今度のことで斬罪になるでしょう。どうにか場所だけでもよい所でと願っておりましたが、各様の御話や世間の評判などを聞き、もう奢りがつき、万一切腹などと結構なことに命じられるかもしれない、その時はこの御屋敷かもしれない、と思うようになりました。もしそのようになりましたら、十七人はそれぞれ宗旨なども違うので、寺の坊主や一族などが死骸を拝領したい、と願うこともあるかもしれません。決してそのようにはしないでください。泉岳寺の空き地がある所に、十七人の者を一つの穴に埋めてくださるよう皆が望んでいます。この段を御聞き置いてくだされたい」

吉田忠左衛門は、死骸が見えないよう、白布で二重の大風呂敷を用意してほしいと、武士のたしなみとして残し置いた金子を堀内に渡そうとしている。

赤穂浪人たちは、おそらくは皆、死ぬ事を疑ってなかったのである。

松平隠岐守邸の預け人

大石主税ら十人が預けられた松平定直は、久松《ひさまつ》松平家で、伊予国松山藩十五万石の藩主である。藩祖定勝《さだかつ》は、家康の生母お大の方（伝通院《でんづういん》）の子だから、異父弟にあたり、幕府内でも確固たる地位を占めていた。当時四十三歳だった。

松平家では、赤穂浪人を愛宕下の上屋敷の脇門から入れ、東中小屋（藩邸の長屋）の北の端から十軒へ一人ずつ収容した（『久松家《ひさまつけ》赤穂《あこう》御預人《おあずけにん》始末記《しまつき》』）。

細川家とは違い、それぞれ別の部屋とされたのである。大石主税が入っていることから見て、細川家に預けられた者に次ぐ者たちを預けたのだと思われる。

十二月十六日、松平家では、十人を芝三田中屋敷に移した。寒い時期であるので、それぞれに火鉢も支給している。同月二十五日には、それぞれ別にしていた小屋を、二小屋にまとめた。一番小屋は、北の二十畳敷きの部屋で、大石主税・堀部・中村・貝賀・不破を入れ、二番小屋は、南のやはり二十畳敷きの部屋で、岡野・大高・菅谷・千馬・木村を入れた。主税らは、ようやく同志たちと再会し、親しく話をすることができたのである。

松平家の接待係は、波賀朝榮で、これまでも引用してきたように、不破数右衛門や貝賀弥左衛門らからいろいろと話を聞き、貴重な証言を『波賀朝榮覚書』にまとめている。また、『浅野内匠殿家来松平隠岐守江御預け一件』は、彼らからの聞書をまとめて考証したもので、『江赤見聞記』に数多く引用されている。

大石主税と松平定直の会話

元禄十六年正月五日、松平定直は、中屋敷に行き、初めて預け人に対面した。この時の挨拶は、以下のようなものである。

「自分へ皆を御預けになったので、旧冬より対面するべきところ、少々体調を崩して登城していなかったので、対面しなかった。今度、各の心底には感心している。馳走の致しようもあるのだが、御大法のため、そうしていない。しかしながら、諸事不自由のないようにと申し付けているので、用事があれば家来共まで相談されたい」

定直も、赤穂浪人の討ち入りには感心し、できるだけのことはしてやりたいと考えていたのである。この時、預り人を書院次の間に着座させ、上の間に五人ずつ召し出し、目見えを許している（『久松家赤穂御預人始末記』）。

また、定直は、若い主税に、是非会って話を聞きたいと考えた。そこで、取次の者にその旨伝えさせたところ、「配所では貴人の御前には出ないものと聞いておりますので、御断り申し上げたい」と固辞した。

定直は、「父の命を守っていることは若輩の身には尤もだが、自分は大石とも旧知だから、苦しゅうないので罷り出よ」と主税に告げた。

定直の前に出頭した主税の態度、口上も立派なものだった。定直は、それを褒めた後、「母はどのような様子で、どこに居られるのか」と尋ねた。

これを聞いた主税は、何も答えられず、頭を下げて赤面し、涙を流した。そして次の間に退き、手水を乞い、顔を洗って、その場にいた者に、「御前にて慮外の振る舞い、面目次第もありません」と詫びた。落ち着いたことを聞いた定直は、再び主税を呼び出した。

主税は、父と母の別れの様子を詳しく話した後、次のように言った。

「母も弟もいないと思え、ただ寝ても覚めても上野介殿首を討ち取ると一心に念願せよという父の言葉を聞いた時から、母のことはまったく思わず、念願を達したいとばかり存じ、ついに本望を遂げ、喜んでおります。いまは、末期の首尾ばかりを考えていましたが、母のことを御尋ねになったので、その時のことを思い出し、取り乱してつい落涙してしまいました」

主税のしっかりとした言葉に、その場にいた者は、みな涙をしぼった、という(『江赤見聞記』巻七)。

毛利甲斐守邸の預け人

長府藩五万石の毛利綱元は、萩藩毛利家の支藩主である。当時五十三歳だった。支藩とは言いながら、藩祖の父毛利秀元《ひでもと》は三代将軍家光の信頼篤く、独立した藩なみの地位にあった。藩邸は、現在のテレビ朝日のある場所で、その庭園は「毛利庭園」として整備されている。

31──「義士終焉軍神降世址」の碑
昭和4年に毛利甲斐守庭園跡に建てられた義士の顕彰碑

預けられた十人は、藩邸の裏門から入れられ、五人ずつが北小屋と南小屋に分けて収容された。

料理は朝夕二汁五菜、昼に茶菓子一度、晩は煎茶を望み次第に出し、夜食一汁三菜を出した。酒は祝日のみとしたが、望めばほかの日でも出した。寒いので火鉢も出し、行水は三日に一度とした。書物を望んだので、太平記を出した。これは、他の三家並ということで、そのようにしたのだという。杉野が風邪、武林が目の上や小指二カ所に打ち身、前原が腫れ物、岡島が小瘡《こがさ》を患っていたので、医者を呼んで見せている。

四家の中では毛利家の扱いが一番ひどかったと言われているが、それほどでもなかった。外様大名の立場でもあり、幕府に遠慮したということなのだろう。ただし綱元は、家臣任せとして、預け人に一度も会わなかったようである（『赤穂浪人御預之記（毛利家記録）』）。

水野監物邸の預け人

岡崎藩五万石の水野忠之は、譜代大名で、当時三十四歳である。浅野内匠頭が刃傷事件を起こした時は、内匠頭の家臣が騒動を起こさないよう命じられ、浅野藩邸に派遣されている。

預け人は、本来は十人だったが、寺坂吉右衛門が行方不明となっていたため、九人になった。水野家では、九人を三田の中屋敷の大書院に入れ、屏風で一人づつ仕切ることにしていた。ところが、大目付仙石久尚の家来の者から、「軽き者の事に候、長屋へ差し置き然るべし」という指示があり、急いで空いた長屋を修繕して九人を収容した。外側の戸や障子などは、釘を打ち付けた。

その日は、一汁四菜の料理を出した。また、横川の疵を医者に見せ膏薬を用い、神崎には療治のため酒を出した。

翌日から、料理は一汁五菜、昼は餅菓子、夜食も出した。四、五日過ぎた頃、風呂を設け、入らせた。後は二、三日おきに風呂を使わせた。

十二月二十一日には、藩主水野忠之が三田屋敷に行き、初めて九人の者と会った。「御懇意の儀ともこれ有り」と記録されているので、忠之も赤穂浪人の行動を高く評価していたものと思われる。翌年正月十二日にも三田屋敷に行き、九人の者と会い、何事か話している（『水野家御預記録』）。

赤穂浪人を預けられたこととは関係ないだろうが、忠之は、のち奏者番《そうしゃばん》となり、若年寄、京都所司《しょし》代《だい》、老中と出世している。

2 赤穂浪人の処分

幕府内の意見

翌元禄十六年（一七〇三）の正月があけても、幕府の処分は決定しなかった。浅野内匠頭が即日切腹だったことを思えば、これは異例のことである。やはり、幕閣は、処分に迷ったのである。

『赤穂義人纂書』（補遺）に、「評定所一座存寄書《ひょうじょうしょいちざぞんじよりかき》」という史料が収録されている。これは、討ち入り後の十二月二十三日、寺社奉行・大目付・町奉行・勘定奉行計十四名が連名で、この事件の処分に関して老中に答申した文書とされるものである。

これには、以下のような方針が記されている。

一、吉良左兵衛は申し訳が立ち難い行動なので、その場でせめて自害すべきだったのに、そうもしていない。そのままには差し置きがたいので、切腹を命じる。

一、吉良上野介の家来は、戦わなかった侍身分の者は斬罪、少しでも抵抗した者は、親類に引き取らせる。

一、小者・中間は、追放とする。

一、上杉弾正大弼《だんじょうだいひつ》（綱憲）は、浅野内匠頭家来が泉岳寺に引き取っている時、そのまま差し置いたことは言い訳もできないことだから、どのようにでも御仕置きを命じる。もちろん、領地は召し上げとする。

一、内匠頭家来の処分については、意見が分かれた。亡主の志を継いで、一命を捨て、上野介屋敷に押し込み、討ち取ったことは、真実の忠義かどうか、という点である。意見は、おおむね武家諸法度の「文武忠義を励まし、礼儀を正すべし」という条項に適合するというものだった。法度で禁じられている徒党ではないかという意見も出たが、本意を達するためにはやむをえないことなので、徒党にはあたらない、というのが大勢だった。これらの点から、今回は御預けのまま差し置き、後に落着を仰せ付けられればいいのではないか。

これは、幕府の指示を守って動かなかった上杉家へ領地召し上げなどの処分を言い渡すはずはないということで、偽書とされているものである（尾藤正英『日本の歴史19元禄時代』小学館、一九七五年）。筆者も、幕府の立場に立つ評定所一座が、上杉家への処分を云々するはずはないので、赤穂浪人びいきの者が作った偽書だろうと考えている。

ただし、最後に記されている赤穂浪人たちへの処分、すなわち御預けのままで差し置き、処罰は後に改めて考える、という答申は、十分に出る可能性があったと思う。

老中の中でも、赤穂浪人に同情的な者が多かった。内匠頭を即日切腹に処した将軍綱吉でさえ、迷ったと伝えられる。

『徳川実紀《とくがわじつき》』によれば、幕閣の意見が一致しなかったため、日光門主の公弁法親王に意見を聞いたとされる。すると公弁法親王は、次のように答えたという。

「彼らが長い間、苦労して思いを焦がし、主の讐を報じたことは立派だが、その志はすでに果たした。今はこの世に思い残すことはないだろう。公《おおやけ》の刑に身を任せると申し出ているのだから、今さらそれを許しても、彼らが再び他家に身をよせ、二君につかえることもできない。あたら忠義の武士を山林窮谷で飢えさせるよりは、公から武士の道を立てて死を賜った方が、彼らの志も空しくならないだろう。これが、公の刑法も正しく、彼らも満足する天下の公論である」

この発言の真偽は、『徳川実紀』の編者も保留している。実際、こうしたことを公弁法親王が言ったとは思えない。しかし、赤穂内匠頭家来の処分は、おおむねこうした論理で決定されたのではないだろうか、とも思わせる記述である。

四十六士の処分決定

元禄十六年二月四日、ついに内匠頭家来たち四十六人の処罰が決定した。細川綱利屋敷へは目付荒木十郎左衛門政羽・使番久永内記信豊が、松平定直屋敷へは目付杉田五郎左衛門勝行・使番駒木根長三郎政方が、毛利綱元屋敷へは目付鈴木次郎左衛門福《よし》一《かづ》・使番斎藤治左衛門利常が、水野忠之屋敷へは目付久留十左衛門正清・使番赤井平右衛門時尹《ときただ》が遣わされ、次の幕府の処罰を伝えた（『細川家御領始末記』）。

「浅野内匠は、勅使御馳走の御用を命じられたにもかかわらず、時節柄といい殿中を憚らず不届きの行動があったので、御仕置を命じられ、吉良上野は御構いなく差し置いたところ、主人の仇を報じるとして、家来四十六人が徒党し、上野宅へ押し込み、飛び道具など持参して上野を討ったことは、公儀を恐れないことで、重々不届きである。これによって切腹を命じる」

浅野内匠儀、勅使御馳走の御用仰せ付け置かれ、その上時節柄殿中を憚らず、不届きの仕形に付き、御仕置仰せ付けられ、吉良上野儀、御構なく差し置かれ候処、主人のあだを報じ候と申し立て、内匠家来四拾六人徒党致し、上野宅江押し込み、飛び道具など持参、上野を討ち候儀、始末公儀を恐れず候段、重々不届きに候。これにより切腹申し付く者なり。

重要なことは、「主人のあだを報じ候と申し立て」と言っていることである。大石たちは、討ち入りに持参した趣意書である「浅野内匠家来口上書」において「主君の仇を報じる」と書いたが、それは内匠頭家来たちが言っているだけで、幕府は吉良上野介を「主人のあだ」とは認めなかったのである。そのため四十六人の者は、徒党して上野介屋敷に押し込んだ狼藉者となる。その上、半弓などの飛び道具を使っており、公儀を恐れない重々不届きな行動である、と断罪している。

しかし、それほどの犯罪であるなら、斬罪相当だと思われるが、幕府の判断は切腹だった。これは、世論の動きだけではなく、幕閣たち自身も、殺すのが惜しい侍たちだという共通認識があったからだと思う。幕府の法から見れば厳しい処分が必要だが、同じ武士としては、主君の鬱憤を散じた者たちによもや斬罪という武士身分を無視した処罰は言い渡せなかったのである。

それでは、彼らを許すという選択肢は、まったくなかったのだろうか。それぞれの家に御預けのまま、という可能性はあったと思う。しかし、一方に実父を討たれた上杉家がある以上、彼らを許せば、今度は上杉家の藩士たちが、赤穂浪人たちを付けねらうことになるだろう。そうなれば、復讐の応酬となり、幕府政治の秩序は保てない。御預けのままでも、そうした気分を醸成させるだろうから、それも困難である。そもそも、喧嘩両成敗法を守るなら、吉良上野介を討った内匠頭家来も当然、死ななければならない。この場合の処分は、切腹が相当である。つまり、幕府の処分は、徒党などと言いながら、実は喧嘩両成敗法の処分にのっとっていたのである。

細川家での切腹

二月四日、細川家では、大石たち十七人に、いつものように九つ頃（正午頃）に料理や茶を出し、それが済んだ後に検使が来ることを伝えた。検使として派遣された荒木十郎左衛門と久永内記は、八つ時分（午後二時頃）、細川家中屋敷に到着した。

検使は、預け人を収容した部屋に行き、一人ずつ名を呼んで呼び出した。十七人の者は、大石を上座として、みな拝伏した。上使は、十七人に対し、仰せ渡しの書付を読み聞かせた。大石は、次のように御請けをした。

「どのようにでも断罪されるべきところに、切腹を命じられたことは、有り難き仕合わせに存じ奉ります」

如何体にも仰せ付けらるべきのところ、切腹を仰せ付けられ候段、有り難き仕合わせに存じ奉る。

確かに、死はもとより覚悟している大石にとって、武士の礼にのっとって切腹とされたことは、ありがたいことだっただろう。

十七人の者が支度を終えると、細川家では末期の酒として、銚子《さしなべ》と盃を出した。

切腹の場所は、大書院上の間の前の庭だった。白布の幕を三方に張り、幕際から楽屋脇の出口まで、赤穂浪人が歩く道筋に薄縁を敷いた。切腹の場所には、畳三枚を敷き、その上に木綿の大風呂敷を敷いた。

切腹の順番は、一番に大石内蔵助、二番に吉田忠左衛門、三番に原惣右衛門というように、格上の者から行われた。切腹する者の前に小脇差を載せた三方を置き、小脇差を取って腹に当てようとすると、背後にいた介錯人《かいしゃくにん》が首を打ち落とした。

介錯が済むと、白屏風を引き回して死骸が検使に見えないようにし、敷いていた風呂敷に死骸を包んで取り除いた。一人ずつ同様にして、七つ時分（午後四時頃）から七つ半時過ぎ（午

細川家介錯人

大石内蔵助	御歩頭　安場一平（四十二歳）
吉田忠左衛門	御小姓組　雨森清太夫（四十二歳）
原　惣右衛門	御小姓組　増田貞右衛門（二十八歳）
片岡源五右衛門	御小姓組　二宮新右衛門（三十二歳）
間瀬久太夫	御小姓組　本庄喜助（二十八歳）
小野寺十内	御小姓組　横井儀右衛門（二十九歳）
間　喜兵衛	御小姓組　粟屋平右衛門（三十四歳）
磯貝十郎左衛門	御小姓組　吉富五左衛門（二十九歳）
堀部弥兵衛	御小姓組　米良市右衛門（四十二歳）
近松勘六	御小姓組　横山作之丞（二十九歳）
富森助右衛門	御小姓組　氏家平吉（二十四歳）
潮田又之丞	御小姓組　一宮源四郎（三十四歳）
早水藤左衛門	御小姓組　魚住惣右衛門（四十二歳）
赤埴源蔵	御小姓組　中村角大夫（三十三歳）
奥田孫太夫	御小姓組　藤崎長左衛門（二十八歳）
矢田五郎右衛門	御小姓組　竹田平大夫（三十六歳）
大石瀬左衛門	御小姓組　吉田孫四郎（二十八歳）

『細川家御領始末記』による

32—忠烈の跡（細川越中守屋敷跡）
大石内蔵助らが切腹した，細川越中守屋敷跡

後五時過ぎ）までにすべての者の切腹と介錯が終わった。

細川家での切腹では、介錯人の名前と役職、年齢がわかるので、別表にして掲げた。

これを見ると、大石内蔵助には御歩頭《おかちがしら》の安場一平が介錯にあたり、ほかの十六人には御小姓組の者が介錯にあたっている。中小姓などではなく、知行取りの格式を持つ武士から選ばれたことがわかる。年齢は二十四歳から四十二歳とばらつきがあるが、介錯はかなりの技量がないとうまく行かないと言われており、いづれも剣術の腕が確かな者が選ばれたのだと思われる。

他の三家での切腹

松平家でも、三田中屋敷の大書院前の庭で切腹が行われた。申刻過ぎ、検使から準備ができたら行うように告げられたが、大きな儀式だと認識していたため延び延びとなり、ようやく申中刻（午後五時頃）ほどに準備が調った。

大書院庭の築山《つきやま》の前に幕を張り、筵の上に畳二枚を敷き、その上に浅葱木綿《あさぎもめん》の蒲団を敷いた。切腹の順番は、一番に大石主税、二番に堀部安兵衛と、これも格式順だった。

主税の介錯は、覚書を残している波賀清太夫朝榮その人だった。主税は、蒲団の上に座ると、検使の方に一礼し、押肌《おしはだ》を脱ぎ、波賀にお辞儀をした。波賀は、主税が小脇差を取り上げたところで首を打った。そして主税の首を髻を持って検使に見せた。死骸は屏風で隠され、蒲団に包んで取り除かれた。以下、同様に残りの九人が切腹した。

毛利家では、麻布屋敷の庭に、畳二枚を敷き、その上に白い木綿蒲団が敷かれた。

この家では、脇差の代わりに扇子を紙で包み、十本用意していた。この頃には、切腹の際扇子を渡すいわゆる「扇子腹」が行われていたことを示すエピソードである。この旨を幕府御徒目付に問い合わせたところ、「扇は無用、小脇差を出すように」と命じられ、小脇差を出すことにした。小脇差は、先を三分の一ほど出し、薄い板で両方から挟み、縒《こよ》りでよく巻き、その上を白布で包んだ。

切腹の順番は、岡島八十右衛門からだが、必ずしも格式順ではなかった。切腹する者は、介錯人の名前を聞いたり、あるいは「しづかに頼む」「御手をよごさせ申し候」などと挨拶して、潔く切腹した。切腹は、七つ時過ぎに終わった。

間新六は、腹を切る前に首を打たれることに気付いたようで、肌脱ぎする前に三方から脇差を取り、いきなり腹に突き立てた。後に調べて見ると、脇差を腹に突き立て、六、七寸ほど引き回していた。

33――赤穂浪士の墓（泉岳寺）

水野家では、御徒目付から、「陪臣《ばいしん》が切腹する時、検使として御目付衆が御越しになることはありません。この度は格別のことです。それだけ大切に扱っているので、ちょっと御話ししておきます」と告げられた。確かに、陪臣の切腹について、幕府の目付が派遣されるのは、破格のことだった。

水野家も、書院の庭に筵八枚を敷き、畳二枚を敷き、その上に白布の袷蒲団《あわせぶとん》を一枚、さらに毛氈を一枚敷いた。他の家以上の気の配り方だった。

切腹する者が毛氈の上に着座すると、小脇差が載せられた三方が出される。その小脇差を手に取ると、介錯の者が首を打った。その後、打ち落とした首を両手で持ち、御徒目付の方に見せた。死骸は、屏風で隠され、毛氈と蒲団でそのまま包み、取り除いた。

幕府の御徒目付から指示を受けていたが、切腹の格式は、それぞれの家で微妙に異なっていることがわかる。

四十六人の遺体は、それぞれの藩邸で桶に入れられ、泉岳寺に運ばれた。泉岳寺では、浅野内匠頭の墓の脇の藪を取り払い、大きな穴を掘って、桶を埋めた。

3 吉良左兵衛への処分

吉良左兵衛への処分

喧嘩両成敗ということでは、吉良左兵衛義周《よしちか》への処分も同様である。左兵衛は、ある意味で、まったくの被害者である。しかし、武士としては、どのような者に襲撃されてもそれを撃退する義務がある。戦いに敗れ、父を討たれた以上、敗者として武士の法で裁かれる必要があった。

幕府が左兵衛に申し渡した文章は、以下の通りである(『江赤見聞記』巻六)。

「吉良上野介は、去々年口論の時、公務を重んずるとは言え、抵抗もせず疵を蒙って退去したことは、内匠に対して卑怯の至りである。奉公をゆるがせにせず勤めていたので、罪には問わなかったが、不覚悟の至りであった。今度内匠の家来が押し寄せた時も、未練の振る舞いだったように聞いている。親の恥辱は子として遁れることはできず、諏訪安芸守へ御預けなされるのである」

吉良上野介儀、去々年口論の節、尤も公務を重んじると雖も、詮なく疵を蒙り退去せしめ候段、内匠に対し鄙胸《卑怯》の至りに候え共、奉公懈慢なく相勤め候故、その分に指し置き候処、不覚悟の至りに候。これにより今度内匠家来共押し寄せ候時分、未練の様に相聞こえ候。親の恥辱は子として遁れ難く、これにより諏訪安芸守《忠虎》へ御預けなされ候也。

まず注目されるのは、刃傷事件の際の吉良上野介の行動が、「内匠に対し卑怯の至り」とされていることである。内匠に切腹を命じた時、そのようなことは一切述べられていなかったにもかかわらず、赤穂浪人の討ち入りがあり、幕府がそれを評価したことから、以前の判決を実質的に訂正したのである。

そして赤穂浪人の討ち入りを許したこと、そこで討ち取られたことを「未練」と断罪し、その親の恥辱は子の左兵衛にも及ぶとして、信濃高島藩主諏訪安芸守忠虎にお預けとされた。左兵衛にとっては、理不尽としか言い様のない処分だっただろう。

また、上野介の弟東条隼人も、盛岡藩主南部信濃守信恩《のぶおき》にお預けとなった。また、上野介の親類・聟・舅・小舅まで遠慮が命じられた。この書付の文面には、「浅野内匠頭家来吉良上野介を討ち候節、左兵衛不届きに付きて、領地召し上げられ、諏訪安芸守へ御預けなされ候」と書かれている。本人に対して「不届き」と言い渡していないにもかかわらず、世間的には不届きによる領地召し上げと公表されたのである。

これによって、米沢藩主上杉綱憲も幕府に遠慮の伺いを出し、そのまま認められた。綱憲が遠慮を許されたのは、四月朔日のことである。

左兵衛は、二月十一日朝、江戸を出て諏訪に向かった。随行する家臣は、二人とされた(以下『諏訪家御用状留帳』による)。左右田孫兵衛と山吉新八が、随行することになった。左兵衛も山吉も重傷を負っていたので、外科医も付きそっている。左兵衛の祖母の願いで、蒲団などを入れた長持二棹、葛籠一個も持ち運ぶことになった。

左兵衛は、道中無事に、十六日四つ時、高島へ着いた。その日は、夕食、夜食ともによく食べ、翌日の朝の膳もよく食べた。その頃の体調は、良好だったようである。しかし左兵衛は討ち入りの時に受けた疵がいまだ癒えておらず、二、三日に一度は医師の治療を受けている。

諏訪家では気を使い、吉良上野介のことについて、下々や在々の家中まで、上野介の批判をしてはならない、と命じている。

しかし、気を使っているとはいえ、たとえば左兵衛が絵を描くことが好きで、いつもその話題をするので料紙を渡したいと思っても、幕府の法に触れるかどうか問い合わせからでないと渡せない。また、月代《さかやき》も、罪人だからということで剃ることが許されず、髪が伸びて不自由だった。

吉良左兵衛の死去

四月には、諏訪家の高島城南の丸に、左兵衛の居宅が建てられた。もちろん、番人が付け置かれたが、少しは過ごしやすくなったことと思われる。

諏訪家に御預けとなって二年後の宝永二年(一七〇五)十月九日、左兵衛は持病の瘧が差しだした。

34――吉良義周墓（法華寺）
吉良義周の希望により，墓は天然石で作られた

医師の薬を用いたが、それほどはかばかしい効果はなかった。二十一日には寒気がし、熱が出た。これ以後、左兵衛の病状は、一進一退を繰り返した。

十二月に入ると悪寒に苦しめられ、翌宝永三年正月十九日には、小便が通じなくなり、呼吸が荒くなった。そして翌二十日、あえなく死去した。生年は伝わっていないが、兄上杉吉憲が貞享元年生まれなので、まだ二十歳ほどの若さだった。死骸は塩漬けにされ、幕府の検使を待った。

二月三日、幕府から書院番士《しょいんばんし》石谷七之助清職《きよもと》が検使として派遣されてきた。翌四日に死骸見分が済み、左兵衛の遺体は高島の法華寺《ほっけじ》に土葬された。

左兵衛に付き添ってきた左右田孫兵衛と山吉新八は、江戸に返されることになった。両人は、左兵衛の墓所へ自然石で石塔を建てたいと願い、法華寺に代金三両を預けた。江戸に戻った両人は、左兵衛の姉が住む米沢藩白金屋敷に渡された。

4　残された者たちの思い

赤穂浪人の子供たちへの処分

中村勘助が案じていたように、討ち入りに参加した赤穂浪人の男子も処罰されることになった。しかし、切腹ではなく、十五歳以上の者は伊豆の大島へ遠島《えんとう》が命じられ、十五歳未満の者は縁のある者に十五歳になるまで預けられ、その後、遠島に処せられることになった。女子は構いなし、とされた。

成人した男子は、多くはともに討ち入りに参加したので、十五歳以上の者は、吉田忠左衛門の二男吉田伝内《でんない》（二十五歳）、間瀬久太夫の二男間瀬惣八（二十歳）、中村勘助の二男中村忠三郎《ちゅうざぶろう》（十五歳）、村松喜兵衛の二男村松政右衛門《まさえもん》（二十三歳）の四人にすぎなかった。

幕府小姓頭の小笠原長定《おがさわらながさだ》に仕えていた村松政右衛門は、すぐに尋問を受け、揚り屋に入れられた。吉田伝内と間瀬定八は、播州姫路にいたので、姫路藩主本多忠国《ほんだただくに》が身柄を拘束して江戸に護送してきた。奥州白河にいた中村忠三郎も、白河藩主から護送されてきた。

元禄十六年（一七〇三）四月二十七日、幕府は、伊豆代官小笠原彦太夫に吉田伝内ら四人を引き渡した。四人は、佃島《つくだじま》の岸から船に乗せられ、大島に護送されていった。赤穂浪人の吉良邸討ち入りの評判は、大島まで聞こえており、現地での四人の待遇はよかった。

自害した小野寺十内の妻

遺族の中には、小野寺十内の妻のように、夫の後を追って自害する者もいた。十内の妻は丹と言い、脱盟した灰方藤兵衛（百五十石、武具奉行）の妹である。十内は灰方と義絶したが、丹と離縁することはなかった。丹は、十内が切腹して果てた一年半後の元禄十六年七月十八日、京都・本圀寺で絶食して命を断ったという。辞世は次のようなものである（『魚躍伝』）。

現《うつつ》とも思はぬ中に夢覚て　妙なる法の花に乗らむ

妻や子の待つらんものをいそげたゞ　何か此世に心残らん

妻とは夫の十内、子は養子の幸右衛門である。ただし彼女は例外で、ほとんどの者は遺族同士で連絡を取り合い、寄り添うように生きていた。

ちなみに、原惣右衛門の母が、息子の決心を鈍らせないため討ち入り前に自害したという話が『江赤見聞記』（巻七）に載せられているが、これは誤伝である。惣右衛門の母は討ち入り四ヶ月前の八月に病死したため、こうした憶測がなされたらしい。外にも神崎与五郎の母、杉野十平次の母も同様に自害したとされるが、これらはすべて作り話である（田口章子『おんな忠臣蔵』ちくま新書、一九九八年）。

大高源五の母の感慨

大高源五の母（貞立）は、源五と小野寺幸右衛門兄弟を励まして江戸に送り出した気丈な母親である。「大石良興氏所蔵文書」には、貞立が、大石内蔵助の妻りく（剃髪して香林院）へ送った手紙が収録されている。日付は四月七日で、おそらくは四十六人が切腹になった翌年（元禄十六年）のことである。

「御なつかしゅうございます。この度は、御手紙をいただき、ありがとうございます。そこもと様には、どなたも〳〵御機嫌よくなさっていると伺い、めでたく存じます。こちらにて、わたくしは、変わることもなく暮らしております。御手紙の通り、しだいに〳〵心ほそくは感じておりますが、いつも申し上げております通り、天下に名を残したことをあきらめる力として、日々を送っております。もちろん、こうなることは最初からよくわかっておりましたが、一日中、息子のことを思い出しながら暮らしております」

りくは、但馬豊岡の実家石束家に帰ったまま、豊岡に暮らしていた。一方の源五の母は、赤穂にいて、四十六人の墓のある花岳寺《かがくじ》にも詣っていた。遺族たちは、互いの居所を知り、手紙のやり取りをしていたのである。

この冒頭の文章だけで、頼りにしていた息子が死んでしだいに心細くなる気持ち、しかし、息子は立派な仕事をやりとげて死んだのだからあきらめようとする気持ちが痛いほどわかる。

貞立は、赤穂の遠林寺の住職や花岳寺の住職から懇切な手紙があったことを書き、次のように続ける。

「この度のことは、四十六人が同じ境遇ではありましたが、わたしのように独り身になった方はございませんで、ようございました。また、祖錬《それん》様（内蔵助の次男吉之進の出家名）には、御公儀（幕府）より何の御沙汰もなかったということで、めでたく嬉しく存じます。大三郎様（内蔵助の三男）は、あなた様の方で御養育あそばされるとのこと、（遠島の御沙汰が下る予定の十五歳までには）これから十三年も時がたてば、世の中もどのように変わるかわかりません。そのような将来のことは少しも御心配なさることはありません」

「わたくしのように、独り身になった方はございません」という一文は、独り身になった運の悪い自分を歎いた言葉ではない。大石家の遺児が処罰を免れたことを喜ぶ文章が自然に続くことからも、独り身になったのが自分だけでよかった、という気持ちが込められている。おそらく、これが最も源五の母の気持ちに近いものだと思う。

そして、源五に戒名がもらえたことや、諸国で四十六人の義士のために法要がなされたことへの感謝、弟の小野寺十内の妻から京都へのぼれのぼれと言われているけれども、まだ世の中が騒がしいので、親切にしてくれる遠林寺や花岳寺のある赤穂に今しばらく止まるつもりであると書き、次のようにりくに語りかける。

「わたくしも今年で六十五歳になります。残り少ない人生をあちらこちらするよりは、二軒様のお寺（遠林寺・花岳寺）を頼もうと存じております。源五のことは、取り分け評判が高いとのこと、人に勝れた働きをしたとも聞かないのに、そのように誉められることは、故人の幸せと存じます。あの子たちは、若いと言ってもよほどの歳になります。わたくしは、若かった主税様（内蔵助の長男）の事だけが、いつも残念でたまらず、御いたましく存じております。仰せのように夢のように短いこの世で、このような事件に遭遇したのも、過去の約束かと思います。月日のたつにつれて、一緒に暮らしていた頃は遠くなり、思い出すと、なんともやるせない思いがつのりますが、思い返すたびごとに無理矢理気を取り直し、月日を送っております」

わたくしもとうねん六十五ニなり申し候。よハいもなきとしにかつへ、あなたこなたといたし候ハんより、二けん様のおんてらたのミ候ハんとぞんじ候。源五事、とりわけとりざたいたし候よし、人ニすぐれはたらきたるときゝ申さず候に、さやうニひはんにあい申し候御事、なきあとのしやわせとぞんじ候。あのものどもハ、わかきと申しても、よほどのよあいにて候。わたくしは、ちから様御事のミ、あけくれ〳〵御のこりおほく、御いたましく存じ候。仰のことく、ゆめのうきよ、かやうのじせつニあい申し候も、くわこのやくそくとぞんじ候。月日のたち申し候ニしたがい、あい見し事ハとおくなり、ぞんじ出し候へハ、やるかたもなく候へ共、ぞんじ返し〳〵心にて心しめし、月ひもおくりまいらせ候。

大高源五の評判は、討ち入り直後から非常によかった。彼の俳人としての名声などによるものであろう。源五の母は、そのことも控えめに語っている。そしてまた、源五は、若いといってももういい歳になるので仕方がないが、りくの長男の主税のことは残念でならないと書くのである。

大高源五は三十一歳、大石主税は確かに十五歳の若さであった。しかし、それを考えてもなお、独り身になった源五の母が、りくの心情を思いやってこのように書くことに深い感動を覚える。

赤穂浪人の討ち入りは評判がよく、それとともに遺族への赦免の声が高まっていた。

赦免と復権

宝永《ほうえい》元年（一七〇四）になると、四十六士の縁者が、伝手を求めて赦免を運動するようになった。

内匠頭の正室である瑶泉院は、出家させることを条件に流罪になった者の赦免を願い出た。大石の岳父石束源五兵衛も、内蔵助の遺児の赦免を伝手を頼って寛永寺の公弁法親王に願おうとした。浅野本家の広島藩からも、赦免の願いが出された。

宝永三年八月、幕府は、桂昌院（綱吉の実母）の一回忌を機に、流罪になった者を赦免することにした。残念ながら間瀬惣八が前年四月に病死していたが、吉田伝内ら三人が江戸に帰ってきた。

宝永六年正月十日、五代将軍綱吉が没した。六代将軍家宣《いえのぶ》は、綱吉の代に罪を得た者のうち三千八百三十九人に大赦を命じる中で、四十六士の遺児たちもすべて大赦とした。

広島藩に預けられていた浅野大学も赦され、翌七年九月、五百石を与えられて、交代寄合《こうたいよりあい》に取り立てられた。

出家して祖錬と号していた内蔵助の二男吉之進は、大赦の直後、十九歳の若さで没した。しかし、妻りく（剃髪して香林院）が豊岡に戻された後に生まれた大三郎が残されていた。大三郎は、弘前藩士大石郷右衛門良麿（内蔵助の同族、大石無人の嫡子）らの運動で、浅野本家の広島藩浅野安芸守吉長に新知千五百石で召し出されることになった。これは、赤穂藩で父内蔵助が取っていた知行と同じである。この時、まだ十二歳の少年だった。

りくは、「本ち（知）にさつそく仰せ付けられ候事、外聞もよろしく」と、喜びの手紙（十月八日付け香林院書状）を送っている。りくにとって、大石家の再興が、何よりの願いだったのだろう。

原惣右衛門の子十次郎辰正も十二歳だったが、広島藩に二百五十石で召し出された。これも、惣右衛門の知行と同じである。

茅野和助の子猪之助は、森和泉守長直《もりいずみのかみながなお》の近習に召しだされた。この森家は、もともと和助が仕えていた家だが、二万石に減知され、宝永三年正月から赤穂を領していた。和助が貫いた「武士道」は、ようやく子に恩恵を与えたのである。

りくと瑤泉院

最後に、りくと瑤泉院について、後日談を述べておこう。すでに述べたように、瑤泉院は、義士たちの遺族の赦免を嘆願しており、大石内蔵助の子のこともずいぶんと気にかけていた。

その瑤泉院が、老女唐崎に命じて、りくに手紙を送ってきた。その事情をりくは、大石良麿に次のように言い送っている（卯月十六日付け香林院書状）。

「瑤泉院様が申せと仰せられたということで、唐崎殿からこの春送ってきた文に、『冬に、こちらの殿様（浅野吉長）から、瑤泉院様へ御手紙が来ました。大三郎を御側近くに召して御覧になり、さすが内蔵助の子と見える生まれつきで、御悦びになった。近くで御覧になると、ひとしお今さらの様に忠誠院（大石内蔵助）のことが思い出される、と仰っていました』と書いてありました。ありがたき仕合わせに存じました。そもじ様がお聞きになれば、御悦び遊ばされるでしょう」

瑤泉院様申せと仰せられ候とて、からさき殿より、此はる文ニ、冬とし、こゝもと殿様より、瑶泉院様へ御状しんじられ候。代《（大）》三郎御そばちかく御らん候由、さすが子とミへ候おひたちにて、御悦びなされ候。ちかく御らん候ハヾ、一しほ今さらのゐうニ、忠誠院御事おほしめし出され候よし、仰せしんじられ候よし仰せきけられ、ありがたき仕合ニ存じたてまつり候。そもじ様御きゝ成され候ハヾ、御悦あそハし候へく候。

浅野吉長が大三郎を召し出し、近くに呼んで見たところ、さすが内蔵助の息子にふさわしい生まれつきだと大三郎を褒めた。これを聞いた瑶泉院は、りくが喜ぶだろうと、唐崎にりくにその旨教えてやるようにと命じたのである。

一連の事件の遺族たちは、事件の後も、寄り添うように連絡を取り合い、残された者の幸せを喜び合っていたのである。

勝者なき戦い　エピローグ

赤穂事件については、事件直後に幕府大学頭《だいがくのかみ》を務める林信篤《はやしのぶあつ》が元禄十六年（一七〇三）に『復讐論』を書き、亡主の讐を討った四十六士は武士道を実践したのであり褒められるべきであるが、法律の立場から論ずれば吉良を討ったことは天下の法を犯していることになり、処罰したことは正当である、と論じた。幕府の儒官《じゅかん》室鳩巣《むろきゅうそう》は、同じ年に『赤穂義人録』を書き、彼らを「義人」と称え、銘々の略伝を書いた。

これらの文章を嚆矢《こうし》として、赤穂事件は、儒学者の間でさかんな論争を呼ぶことになる。宝永二年（一七〇五）、佐《さ》藤直方《とうなおかた》は、「世俗の惑いをひらくべし」と考え、四十六士批判の文章を書く。当時、赤穂四十六士は、義士として賞賛されていた。これに対して直方は、四十六士の行動は死を覚悟した者のすることではなく、わが身の可愛さから行ったことである、という論を展開した。

これが引き金となって、四十六士を擁護する三宅尚斎《みやけしょうさい》、浅見《あさみ》絅斎《けいさい》の反論が出された。尚斎は四十六士が吉良を主君の敵と考えたのは理由のあることだとし、絅斎は、幕府の落度である片落ちの処分を

義士人形

四十六士が救済したもので、咎めるにはあたらない、とした。

この論争は、山崎闇斎《やまざきあんさい》門下の者同士のものだったが、事件から三十年ほどたった頃、荻生徂徠《おぎゅうそらい》の弟子太宰春台《だざいしゅんだい》が、大石内蔵助らの敵は吉良ではなく幕府であり、義を立てるためには赤穂城に籠城して死ぬべきだった、という論を展開した。これに対して、懐徳堂《かいとくどう》の教授五井蘭洲《ごいらんしゅう》が、四十六士が亡君の遺志を継いで吉良を殺したことはもっともなことだと反論した。室鳩巣の門人河口静斎も、内匠頭は吉良に殺されたのも同然だから、四十六士が吉良を仇としたのを不可とは言えない、と主張した。

論争の経過や内容は田原嗣郎氏の『赤穂四十六士論』（吉川弘文館、一九七八年）に詳しく述べられているので参照していただきたいが、これらの論争の前提として、世間では赤穂四十六士の行動が圧倒的に支持され、賞賛されていたということがある。彼らは、主君の仇を討った義士であるというのが一般的な見方だった。これに対して佐藤直方や太宰春台は、はたして吉良は四十六士の仇なのかという疑問を提出したのである。

こうした論争が生まれる背景には、武士のあり方についての江戸時代特有の考え方があった。ただ、儒学者の論争は、四十六士の行動が忠義なのか、見当外れの行動なのかというところが焦点となっている。しかし、本文で見てきたように、四十六士の行動は、武士としてどのように行動するか、という点が最も大きな問題だった。主君が切腹となり、主君の喧嘩相手である吉良が生きている状態では、赤穂の浪人たちは何か行動を起こさければ「腰抜け」として世間に交わっていけなかった。これは、武士として生きている者にとっては、その存在意義に関わることだったのである。

そのため、四十六士は、家族への愛惜の念を捨て、武士として生きていく道を選んだ。そこには、義務としての「忠義」ではなく、自己および藩の名誉を守るという切実な動機があった。しかし、そうした「武士の一分」という感情は、あくまで「私」の領域のことなので、彼らは公式には藩における主従関係という「公」の立場を強調した。それが、「君父の讐はともに天を戴かず」という仇討ちの論理だった。

しかし、藩における主従関係ですら、幕府を頂点とする江戸時代の幕藩体制の中では「私」の関係にすぎない。いくら忠義の心からとはいえ、吉良邸に討ち入って上野介を討つというのは、幕府の判断に対する公然たる反抗である。この幕府の論理は、討ち入った四十六士にも十分に予想された。だからこそ、討ち入り前、事の成否にかかわらず自分たちは死ぬものとして、家族に別れの手紙を送ったのである。

家臣として、そして武士としてあるべき行動を行った四十六士には、幕府内部でも同情の声が強かった。幕府法の上では厳しい処分がなされるべきだったが、斬罪ではなく切腹と申し渡したのも、そうした幕閣の同情心をよく示している。

吉良を殺せず、切腹に処せられた内匠頭は、第一の敗者だった。そして、その家臣である赤穂藩士は第二の敗者である。その第二の敗者の中から四十六士だけが、吉良邸討ち入りを成功させたことによって勝者となり、吉良上野介父子は第三の敗者となった。また討ち入りに参加しなかった旧赤穂藩士は、第四の敗者として、世間から指弾され、ひっそりと生きていかなければならなかった。

あっぱれ忠義の士と賞賛された四十六士だが、最初から予想していた通り、幕府から切腹の処分を言い渡された。これは、江戸時代の法から考えれば予想外に寛大な処分だが、死ぬことには変わりはない。こうして四十六士も再び敗者の地位に沈むことになる。

こう考えてくると、赤穂事件は、まさに「勝者なき戦い」だった。もともとが浅野内匠頭の短慮から発した事件である。そうとしかなりようがない。

吉良邸討ち入りは、現代に生きる我々からすれば、理不尽な逆恨みである。主君の遺志を継いだことは理解できるが、主君から命じられたわけではなく、必ずしも「忠義」を行おうとしたわけでもない。正しくないことでも行うことが「忠義」だとすれば、武士たちは理非の判断ができない存在とも言うことができるだろう。

筆者も、四十六士を「忠臣」として評価することが正しい歴史認識だとは思っていない。しかしそれは、彼らの行動が暴挙だということではなく、当時の武士たちにとって「義」とされる行動をあえて行ったことを評価すべきだと思うのである。

吉良邸討ち入りは、当時、それを行わないと腰抜けとして「人（武士）」たる資格を失ってしまうような「義」の行動だった。これが、現代的な観念では赤穂事件が理解できない理由である。その当時の「義」を行うため、四十六士は、討ち入りに参加すれば自分の身の破滅に直結するということがわかっていながら、あえて「義」の道を選んで行動していった。

彼らは、藩主の遺志を継ぐことを標榜していたが、その心底を忖度《そんたく》すれば、討ち入りは「人」としての名誉を守ろうというものだった。江戸時代の社会制度を越えて赤穂事件を考える時、四十六士の行動は、当時の観念における「人」たる者の義務を果たすものだったと評価することができる。

おそらく人間には、時として「敗者」になることがわかっていても、行動しなければならないことがあるのである。それはたいへん困難な道であるが、本来そうあるべきだという観念は日本人の中に根付いている。そのため現在に至るまで、赤穂事件を素材とした「忠臣蔵」が、変わらぬ人気を誇っているのである。

あとがき

関幸彦さんとともに、「敗者の日本史」の企画編集を担当することになった。全二十冊に及ぶシリーズにふくれあがり、テーマや人選に気を遣うことになった。

主に担当した近世では、成立期に起こった天下分け目の戦いである関ヶ原合戦や大坂の陣、キリシタンの反乱である島原の乱、幕末から近代にかけては箱館戦争や西南戦争といった戦いを選んだ。これらの場合は敗者がはっきりしており、自然にテーマが立ち、執筆者も思い浮かんだ。しかし、戦い以外では、何を取り上げるか悩むことになった。

近世の「勝者と敗者」は、大石学氏に近世史全般を見通して執筆していただくようお願いし、私自身は「赤穂事件」を取り上げることにした。やはり、泰平の世の中である近世にも「敗者」が生まれており、それを具体的な事件で取り上げる必要があると思ったからである。

赤穂事件そのものについてはすでに多くの本が刊行されており、筆者も関連する本を何冊か書いている。そのため、最初は、旧赤穂藩士に討ち取られた吉良義央を中心に書いて行こうと考えた。しかし、それでは、切腹に処せられた大石良雄を始めとする赤穂浪人四十六人が勝者ということになる。

彼らは、「忠義」の武士として賞賛され、後世まで名を残すことになった。その意味では間違いなく勝者であり、その行動は十分に評価することができる。しかし、切腹して果てることになる彼らを、本当に「勝者」として賞賛するだけでいいのだろうか。

こうした疑問が浮かんできたため、改めて事件全体を見直してみた。そこで気づいたのは、こうした事件において、果たして「勝者」というものがあり得るのだろうか、ということだった。また、筆者が書いた赤穂事件関係のこれまでの著書では、紙幅の関係もあって、さまざまな逸話の真偽や討ち入りに参加した者たちの心情を書き尽くせていないという心残りがあった。そのため、今回は、それぞれの史実について史料に基づいて何が真相かをはっきりと提示するとともに、彼らの心情を詳しく紹介することにした。

そうして執筆を進めているうちに、討ち入りに参加した赤穂浪人たちの中には、実に複雑な心境があったことに改めて気がついた。

彼らは、吉良を討つという目標についてはまったく迷いがなかった。それは、普通に考えれば、「忠義」の心情や、誇り高い武士の「面子」にこだわったことが大きな理由になっているはずである。しかし、彼らの残した手紙を読むと、そうした心が沸き立つような思いを持っていた者はむしろ少数で、武士である以上そうせざるを得ないという義務感に基づく者が多かったのではないかと、感じるようになったのである。彼らの手紙に特徴的な心情は、「人間は必ず一度は死ぬもの」という諦観である。これが、勝利を目指す者の心情だろうか。彼らは、決して一時の激情に突き動かされたわけではなく、「人」としての生き方を突き詰めた上で、それが「人」としてとるべき行動だと、自ら選択したものだったのである。

その選択は、幕府の裁きを覆すことにほかならないから、成功しても「敗者」となることがはっきりしているものだった。しかし、そうであっても彼らは、「敗者」の選択をした。史実としての赤穂事件は主君への忠義の話ではない。人としての義務を果たそうとした者たちの物語である。こうした心情を持つ武士、あるいは日本人のかつての姿を、我々は自覚する必要があるのではないだろうか。武士の「一分」や「忠義」の見本ではなく、個々人が「人」として生きるために重い選択をした物語として赤穂事件を見直すこと、これが本書で一番主張したかった点である。

二〇一二年十二月

山本博文

引用史料（初出順）

「武家諸法度」（石井良助編『御当家令條・律令要略』近世法制史料叢書2、創文社、一九五九年）
『梶川氏筆記』（鍋田晶山編『赤穂義人纂書』第二、国書刊行会、一九一〇年）
『田村右京大夫殿江浅野内匠頭御預一件』（前掲『赤穂義人纂書』第二）
『田村家浅野長矩御預之節控』（中央義士会編『赤穂義士史料』上巻、雄山閣、一九三一年）
『堀部弥兵衛金丸私記』（前掲『赤穂義士史料』上巻）
『栗崎道有記録』（赤穂市総務部市史編さん室編『忠臣蔵』第三巻、兵庫県赤穂市刊、一九八七年）
『江赤見聞記』巻一〜巻七（国書刊行会編『赤穂義人纂書』補遺、国書刊行会、一九一〇年）
『岡本元朝日記』秋田県公文書館所蔵（伊藤成孝「秋田藩重臣が記した赤穂事件」『古文書倶楽部』第二〇号、二〇〇七年）
『鸚鵡籠中記』（朝日定右衛門重章著／塚本学校訂『（摘禄）鸚鵡籠中記』岩波書店、一九九五年）
『岡島常樹覚書』（前掲『赤穂義士史料』上巻）
『浅野綱長伝』（中央義士会編『赤穂義士史料』中巻、雄山閣、一九三一年）
『堀部武庸筆記』上・下（石井紫郎責任編集『日本思想大系27近世武家思想』岩波書店、一九七四年）
『播磨国赤穂城附武具帳』（前掲『忠臣蔵』第三巻）
「城下の情勢を伝える書状」四十五通—岡山藩忍の報告ほか—（前掲『忠臣蔵』第三巻）

「残り人之覚」（前掲『忠臣蔵』第三巻）
『浅野内匠頭侍帳』（鍋田晶山編『赤穂義人纂所』第一、国書刊行会、一九一〇年）
『預置候金銀請払帳』大石内蔵助良雄（前掲『赤穂義人纂書』補遺）
『寺坂私記』（前掲『赤穂義士史料』上巻）
『魚躍伝』（前掲『赤穂義人纂書』第一）
『朝原重榮覚書』（前掲『赤穂義士史料』上巻）
『波賀朝榮覚書』（前掲『赤穂義士史料』上巻）
『寺坂信行筆記』（前掲『赤穂義人纂書』第二）
「八月二十三日付け大石良雄書状」（中央義士会編『赤穂義士史料』下巻、雄山閣、一九三一年）
『浅野内匠殿家来松平隠岐守江御預け一件』（前掲『赤穂義人纂書』第二）
『義士江戸宿所并到着附』（前掲『赤穂義士史料』上巻）
「閏八月十一日付け武林唯七書状」（前掲『赤穂義士史料』下巻）
「九月五日付け大高源五書状」（前掲『赤穂義士史料』下巻）
「十月七日付け早水藤左衛門書状」（前掲『赤穂義士史料』下巻）
「十月十一日付け中村勘助書状」（前掲『赤穂義士史料』下巻）
「十月十六日付け神崎与五郎書状」（前掲『赤穂義士史料』下巻）
「十一月二十日付け堀部安兵衛書状」（前掲『赤穂義士史料』下巻）
「十一月二十一日付け近松勘六書状」（前掲『赤穂義士史料』下巻）

「十二月四日付け岡野金右衛門書状」（前掲『赤穂義士史料』下巻）
「十二月五日付け茅野和助書状」仁木尚治氏所蔵、津山洋学史料館寄託
「十二月五日付け潮田又之丞書状」（前掲『赤穂義士史料』下巻）
「七月二十五日付け池田久右衛門（大石内蔵助）書状」個人蔵、東京大学史料編纂所寄託
「十一月二十五日付け大石内蔵助書状」（前掲『赤穂義士史料』下巻）
「十二月十一日付け横川勘平書状」（前掲『赤穂義士史料』下巻）
「毛利小平太脱盟状」（前掲『赤穂義士史料』下巻）
『赤城士話』（前掲『赤穂義人纂書』第二）
『米沢塩井家覚書』（前掲『赤穂義士史料』上巻）
「野本忠左衛門書面之写」（前掲『米沢塩井家覚書』所収）
「不破数右衛門書状」（前掲『忠臣蔵』第三巻）
「丁未雑記」東京大学史料編纂所所蔵（前掲『忠臣蔵』第三巻）
『堀内伝右衛門覚書』（前掲『赤穂義人纂書』第一）
『白明話録』（前掲『赤穂義人纂書』補遺）
『久松家赤穂御預人始末記』（前掲『赤穂義士史料』中巻）
『赤穂浪人御預之記（毛利家記録）』（前掲『赤穂義人纂書』第一）
『水野家御預記録』（前掲『赤穂義士史料』中巻）
「評定所一座存寄書」（前掲『赤穂義人纂書』補遺）

『徳川実紀』第六篇（新訂増補国史体系、吉川弘文館、一九八一年）
『細川家御預始末記』（前掲『赤穂義士史料』中巻）
『諏訪家御用状留帳』（前掲『赤穂義士史料』中巻）
「四月七日付け貞立（大高源五母）書状（大石良興氏所蔵文書）」（前掲『赤穂義士史料』下巻）
「十月八日付け香林院（大石内蔵助室）書状」（前掲『赤穂義士史料』下巻）
「卯月十六日付け香林院書状」（前掲『赤穂義士史料』下巻）

略　年　表

西暦	和　暦	事　　　　項
1680	延宝8	5.8 徳川綱吉が家督を継ぎ，五代将軍となる．
1683	天和3	7 武家諸法度を「文武忠孝を励まし，礼儀を正すべき事」に改訂．
1701	元禄14	3.14（午前11時過ぎ）浅野内匠頭が松之大廊下で吉良上野介を斬りつける．（午後3時頃）内匠頭，田村右京大夫の屋敷に移される．（午後4時頃）上野介，咎めなしの仰せを受け屋敷に戻る．（午後6時頃）内匠頭，切腹．（夜中）内匠頭正室阿久里が髪を下ろし，壽昌院と号す（後に瑤泉院と改める）．3.15 浅野大学，閉門を命じられる．3.16 梶川与惣兵衛の事情聴取．3.17 鉄炮洲・赤坂の赤穂藩屋敷がお預けになる．3.29 大石内蔵助，使者を遣わし上野介の処分を上使に嘆願．4.5 赤穂藩の財産を処分して，藩士に「割賦金」として支給．4.14 堀部安兵衛ら，江戸から赤穂に到着し上野介を討つよう説得．4.18-4.19 赤穂城明け渡し．5.21 普門院（赤穂の遠林寺の住職を務めていた）経由で大僧正隆光に大学の赦免嘆願の手紙を送ろうと試みる（結果は失敗に終わる）．6.4 大石，赤穂を引き払い京都山科に隠棲．6.24 内匠頭，百か日の法要が行われる．8.19 上野介，鍛冶橋から本所へ屋敷替を命じられる．9-10 原惣右衛門・進藤源四郎・潮田又之丞・大高源五・武林唯七ら，江戸に下向し堀部の討ち入り意見に同意．11.3 大石，江戸の急進派をなだめるため江戸に下向．11.12 大石・堀部・赤穂藩幹部グループによる会合が開かれ，吉良邸討ち入りを内匠頭の一周忌前後に行うことを決める．12.13 上野介が隠居し，左兵衛義周が跡を継ぐ．12 大石宅にて，赤穂浪士五十七人が血判を据える．
1702	元禄15	1.9 原・大高，江戸から京都へ到着．1.11- 山科大石宅で，原・大高・進藤・小山源五右衛門・小野寺十内らが会合．3.5 吉田忠左衛門を「惣名代」として江戸に到着．4 大石，妻りくを豊岡の実家石束家に帰す（大石の遊興の始まり）．

西暦	和　暦	事　　　　　　　　　項
		7.18 浅野大学の処分が下り，本家広島藩浅野家に引き取られる．7.28 円山会議で討ち入りの決行が確定する．大高源五と貝賀弥左衛門の神文返し始まる．8 小山・進藤，脱盟．10.7 大石，京都から江戸に向かう．10.21 大石，箱根神社で討ち入り成功祈願．11.5 大石，江戸に到着．11.20 中田理平次，逃亡．11.29 中村清右衛門・鈴田十八，逃亡．12.2 小山田庄左衛門，逃亡．12.8 田中貞四郎，逃亡．12.15（午前4時前頃）吉良邸への討ち入り開始．上野介を討ち取る．（午前5時過頃）吉良邸を引き揚げ．（午前7時頃）大石，吉良邸討ち入りの報告のため吉田忠左衛門・富森助右衛門を大目付仙石伯耆守尚久に遣わす．（午前8時過ぎ）赤穂浪士四十四人，泉岳寺に到着し，内匠頭の墓前に上野介の首を供える．（午後8時頃）赤穂四十六士，仙石伯耆守邸に移される．（午後9時頃から）赤穂四十六士，細川・松平・毛利・水野の四家にお預けになる．12.23 幕府，赤穂浪人の処分について評定を行う．
1703	元禄16	2.4 赤穂四十六士，お預けの四家で切腹．2.5 赤穂四十六士，泉岳寺に葬られる．2.11 吉良左兵衛義周，お預け先信濃国高島藩諏訪家に向け江戸を出発．4.27 赤穂浪士の遺児，伊豆大島へ流される．
1706	宝永3	1.20 吉良左兵衛，お預け先の諏訪家で病死．8.12 桂昌院一周忌の大赦により，大島配流の赤穂浪士遺児三名が江戸に帰る．
1710	宝永6	1.10 五代将軍徳川綱吉死去．8.20 綱吉死去の大赦により，浅野大学赦免．
1711	宝永7	9.16 浅野大学，五百石を与えられ浅野家再興を果たす．
1713	正徳3	大石内蔵助の三男大三郎，千五百石で広島藩浅野家に召し出される．

著者略歴

一九五七年　岡山県津山市に生まれる
一九八二年　東京大学大学院人文科学研究科修士課程修了
現　在　東京大学大学院情報学環・史料編纂所教授

〔主要著書〕
『江戸時代の国家・法・社会』（校倉書房、二〇〇四年）
『知っておきたい日本の名言・格言事典』（共著、吉川弘文館、二〇〇五年）
『知っておきたい日本史の名場面事典』（共著、吉川弘文館、二〇〇八年）
『天下人の一級史料』（柏書房、二〇〇九年）
『現代語訳武士道』（ちくま新書、二〇一〇年）
『日曜日の歴史学』（東京堂書店、二〇一一年）
『信長の血統』（文春新書、二〇一二年）
『「忠臣蔵」の決算書』（新潮新書、二〇一二年）

敗者の日本史15
赤穂事件と四十六士
二〇一三年（平成二十五）二月一日　第一刷発行
著　者　山《やま》本《もと》博《ひろ》文《ふみ》
発行者　前田求恭
発行所　株式会社 吉川弘文館
郵便番号一一三―〇〇三三
東京都文京区本郷七丁目二番八号
電話〇三―三八一三―九一五一〈代表〉
振替口座〇〇一〇〇―五―二四四
http://www.yoshikawa-k.co.jp/
印刷＝株式会社　三秀舎
製本＝誠製本株式会社
装幀＝清水良洋・星野槙子

ISBN978-4-642-06451-3

敗者の日本史

刊行にあたって

現代日本は経済的な格差が大きくなり、勝ち組と負け組がはっきりとした社会になったといわれ、格差是正は政治の喫緊の課題として声高に叫ばれています。

しかし、歴史をみていくと、その尺度は異なるものの、どの時代にも政争や戦乱、個対個などのさまざまな場面で、いずれ勝者と敗者となる者たちがしのぎを削っていました。歴史の結果からは、ややもすると勝者は時代を切り開く力を飛躍的に伸ばし、敗者は旧体制を背負っていたがために必然的に敗れさった、という二項対立的な見方がなされることがあります。はたして歴史の実際は、そのように善悪・明暗・正反というように対置されるのでしょうか。敗者は旧態依然とした体質が問題とされますが、彼らには勝利への展望はなかったのでしょうか。敗者にも時代への適応を図り、質的変換への懸命な努力があったはずです。現在から振り返り導き出された敗因ではなく、多様な選択肢が消去されたための敗北として捉えることはできないでしょうか。最終的には敗者となったにせよ、敗者の教訓からは、歴史の「必然」だけではなく、これまでの歴史の見方とは違う、豊かな歴史像を描き出すことで、歴史の面白さを伝えることができると考えています。

また、敗北を境として勝者の政治や社会に、敗者の果たした意義や価値観などが変化しながらも受け継がれていくことがあったと思われます。それがどのようなものであるのかを明らかにし、勝者の歴史像にはみられない日本史の姿を、本シリーズでは描いていきたいと存じます。

二〇一二年九月

吉川弘文館